未知文库 Unknown? Pocket Edition

二战危城蒙太奇

9座二战名城的历史之旅

A Historical Tour of Nine Iconic WWII Cities

Lu Dapeng

陆大鹏/著

北京联合出版公司
Beijing United Publishing Co.,Ltd.

二战危城蒙太奇

陆大鹏 著

图书在版编目（CIP）数据

二战危城蒙太奇 / 陆大鹏著. -- 北京：北京联合
出版公司, 2025. 9. -- ISBN 978-7-5596-8690-9

Ⅰ. K152-49

中国国家版本馆 CIP 数据核字第 202590WZ31 号

出 品 人	赵红仕
选题策划	联合天际·边建强
责任编辑	孙志文
特约编辑	南 洋
美术编辑	夏 天
封面设计	typo_d

未知文库 U?PE

出 版	北京联合出版公司 北京市西城区德外大街 83 号楼 9 层 100088
发 行	未读（天津）文化传媒有限公司
印 刷	河北鹏润印刷有限公司
经 销	新华书店
字 数	122 千字
开 本	880 毫米 ×1230 毫米 1/64 4.5 印张
版 次	2025 年 9 月第 1 版 2025 年 9 月第 1 次印刷
I S B N	978-7-5596-8690-9
定 价	39.80 元

关注未读好书

客服咨询

陆大鹏的笔触让凝固的遗迹在故事与相遇中重新鲜活。这是对历史的追寻，更是在当下寻找回声的深刻旅程。

——刘子超（作家，著有《失落的卫星》《血与蜜之地》等）

陆大鹏是值得信赖的讲述者，他用扎实的行走和阅读让我们再次确认，漫长的20世纪仍未结束。

——杨潇（作家，著有《重走》《可能的世界》等）

将历史的宏大叙事，重新锚定于可被感知的地理坐标，是陆大鹏先生这部新著的精妙之处。他以生动的笔触，将格但斯克、南京、斯大林格勒等一座座危城的命运切片，拼接成一幅贯穿欧亚的战争蒙太奇，引导读者从具体的"战争现场"出发，去触摸历史的真实肌理。

——沙青青（历史学者、播客主播，著有《敌友难辨：冷战谍海逸史》《暴走君国：近代日本的战争记忆》等）

目录

第九章
虞美人与遥远的桥：阿纳姆，1944 ··· 213

自序

2025 年 4 月，我在南京与挪威作家西蒙·斯特朗格（Simon Stranger）把盏言欢。他所著的关于二战期间挪威犹太人遭遇以及一个臭名昭著的"挪威奸细"的小说《光明与黑暗的辞典》，在全球范围内十分畅销，并且已经有了中文版。席间，我谈到自己从小就对二战史感兴趣。

斯特朗格问："是什么机缘所致呢？"

我回想了一下，可能是因为自己在青葱时代看了很多"国家地理"之类频道制作的二战纪录片，我的脑海里很早就印入偷袭珍珠港、斯大林格勒保卫战、诺曼底登陆、攻克柏林等历史影像，当然，还有中国抗日的血泪壮歌。

战争能刺激人的想象力和创造力，催生出许多斗智斗勇的精彩故事，也会极端地放大人性的正邪两面。所以，许多年来，我始终对二战题材的书籍、影视、游戏有着浓厚的兴趣。我对二战的认知，也不再仅仅是对坦克、飞机、潜艇、火炮的各项数据了如指掌，抑或乐此不疲地谈论艾森豪威尔、戴高乐、蒙哥马利、朱可夫、曼施坦因、古德里安等著名将帅的军旅传奇。谈论战争故事，很容易让没有亲身经受过战争苦难的人眉飞色舞、血脉偾张。但是，这种"刺激"恰恰带来了一种风险，让我们看不清战争的真实面目。

我在世界各地旅行时，会注意寻访与二战有关的地点，要么是战场遗迹，要么是博物馆和纪念馆。我也喜欢广交天下朋友，与当地人侃大山，试图从他们的视角来看待历史和当下。

这本小书，是我的一次尝试，记述了我在中国、德国、波兰、英国、俄罗斯、捷克、荷兰追寻二战遗迹的经历，以及在这过程中与各国学者和普通人的交流，也顺带介绍了这些遗迹背后的史实与人物。我希望，用这种"游记+历史"的方式，把二战的故事讲得有些新意。

如果大家有兴趣，这样的"二战旅行笔记"或许还会有第二本、第三本……

第一章

欧战打响的地方

★

格但斯克，1939

★ 格但斯克老城一景

秋高气爽，列车疾驰。2023 年 10 月的一个静谧夜晚，我从哥白尼的故乡——洋溢着中世纪风情的小城托伦——赶往格但斯克。

车厢里除了我，只坐着一个笑盈盈的高个子波兰少女。我们有一搭没一搭地聊起来。她在罗兹（"波兰最丑陋的城市！"）读卫校，喜欢打排球（"因为我个子高"），有一个在英国做儿童摄影（"那种照片可

是很贵的！"）的表姐。听说我要去格但斯克，她眼睛一亮："那是波兰最美的城市！"她还说自己正在回家路上。她家在格丁尼亚，距离格但斯克不远，也很漂亮。

从她那里，我默默地学会了格但斯克的波兰语发音：Gdańsk应读作"格戴因斯克"。好吧，实际上我更熟悉它的德语名字——但泽（Danzig）。我的背包里还装着德国文学大师君特·格拉斯的《铁皮鼓》，但泽就是曾经的纳粹党卫军士兵格拉斯魂牵梦萦的故乡。但为了方便起见，下面我还是称之为格但斯克吧。

格但斯克的故事太多了，怎么讲也讲不完：汉萨同盟的重要成员、波罗的海之滨的贸易重镇、条顿骑士团的据点、琥珀之乡、莱赫·瓦文萨和列宁造船厂……不过我这次来格但斯克，主要还是想看看这座城市在二战初期经历了铁与火洗礼而留下的遗迹。毕竟，二战的欧洲战事，就是在格但斯克附近打响了第一炮。

走廊上的城市

格但斯克是一座混血之城，中世纪时，它在文化上深受德意志的影响，这一点从建筑上就能看出。我漫步在格但斯克街头，看到那些带三角形山墙的红砖建筑，恍惚间感觉自己来到了吕贝克或汉堡之类的北德城市。这当然是汉萨同盟的历史造成的。相传，在格但斯克长大的文豪格拉斯后来移居到吕贝克，就是因为觉得那里很像自己的故乡。

不过，格但斯克也与波兰联系紧密，其在15世纪归属波兰王国，作为海港而繁荣昌盛，带动了波兰的出口经济。波兰都城从南部的克拉科夫迁往华沙，原因之一就是为了更好地利用与格但斯克海港相连的河流。在那个时代，还没有现代意义上的民族认同，所以尽管格但斯克居民大多说德语（哥白尼本人也是），但并不妨碍他们是波兰国王的臣民。18世纪末，波兰惨遭瓜分，格但斯克归属普鲁士王国，后来又成为德意志帝国的一部分。

随着一战结束，德皇威廉二世皇冠落地，波兰获得新生。为了遏制德国，当时国际社会的带头大哥（英国和法国）做主，设置了一条"波兰走廊"，让波兰获得了一小段波罗的海的海岸线，又把格但斯克设置为国际共管的"自由市"，几乎相当于一个独立国家。波兰人在格但斯克以西建造了一座新海港，以对抗格但斯克，那就是我的火车旅伴的家乡格丁尼亚。

但是，波兰走廊的存在，把德国领土一分为二，导致德国的东普鲁士地区孤悬海外。波兰走廊也因此成了德国民族主义者的眼中钉、肉中刺。至于格但斯克，1923年的人口统计显示，格但斯克有95%的人口属于德意志族，波兰族只有3%，所以在渴望复仇的德国人眼中，格但斯克素来是德国领土，等到咱们"make Germany great again"（让德国再次伟大）之后，肯定要把格但斯克收回来。或者，波兰这个国家根本就不应当存在，都是我们德国的！

希特勒就是这么想的。他成为德国独裁者之后，一个重要的目标就是吞并波兰。

西盘半岛战役

我从格但斯克市中心坐公交车，晃晃悠悠将近一个小时，下车时有点头晕脑涨，但是走到西盘半岛的海边，凛冽的波罗的海海风让我瞬间清醒起来。看到一个波兰小伙子只穿着短袖短裤在海边跑步，我下意识地裹紧了身上的防风夹克。

西盘半岛位于格但斯克港口，面积很小，可能因为这天天气不佳，游客稀少，气氛略感荒凉。那座高

耸的花岗岩纪念碑显
得有些突兀。我去摸
了摸，纪念碑粗粝而
冰冷。当年的军事据
点只剩下残垣断壁，
从残存的地基来看，
规模并不起眼，肯定
不是什么铜墙铁壁。
很难想象，这个弹丸
之地竟然是德军入侵
波兰第一场战役的战

★ 西盘半岛的战争纪念碑

场。如果只看欧洲战场，那么这里就是二战打响的
地方。

　　20世纪20年代，在国际联盟（相当于当时的联
合国）的批准之下，波兰军队在西盘半岛上修建了
一个仅占地0.6平方千米的弹药库，由于距离格但斯
克港只有投石之遥，所以算是个战略要地。但毕竟
面积太小，而且无险可守，波军平时只有大约80人
在这里活动，到1939年8月底战云密布的时候才增援

到210—240人，其中只有6名军官，最高长官是一名少校。除轻武器以外，他们只有1门75mm野战炮、2门37mm反坦克炮和4门81mm迫击炮。防御工事也很薄弱，实际上并没有碉堡，只有一些得到混凝土加固的警卫室和营房。上级对这支小小守军的期望也不高，只要求他们在遭到德军攻击的情况下坚持12小时，等待援军。

1939年8月25日，德军战列舰"石勒苏益格-荷尔斯泰因号"驶入格但斯克港，距离西盘半岛仅150米，显然不怀好意。与此同时，格但斯克城内的德意志族人也组织起了1500人的民兵，准备与德军战舰里应外合，"解放"格但斯克。

9月1日凌晨4点48分，德军战列舰开始炮轰西盘半岛，随后，数百名步兵从战列舰上登陆，与陆地上的1500名格但斯克民兵配合，自信满满，觉得"速通"西盘半岛不在话下。然而，他们很快就被铁丝网拦住去路，遭到四面八方的波军隐蔽火力点的射击，当场陷入火网。波军数量不多的重武器也开始射击，甚至敢于用孱弱的37mm炮射击战列舰。德军首轮进攻受挫后，再度用舰炮轰击这个弹丸之地，但仍然没有进展，只是丢下了更多的死尸。

德国人这才意识到严重低估了对方，赶紧进行航空侦察，结果草木皆兵，把几个干草堆误判为装甲碉堡。他们开始用大炮打蚊子，不仅继续用重型舰炮轰击，还动用了陆军的榴弹炮以及空军的"斯图卡"俯冲轰炸机。德军甚至还想了一个馊主意，就是用燃烧的列车冲向波军阵地。好一个火牛阵！

当然，与此同时，欧洲战火已经点燃。纳粹德国向波兰发动了全面入侵。德军一共投入约150万人、9000门大炮、2750辆坦克、2300架飞机。波军约有130万人、4300门大炮、210辆坦克、800架飞机。

从这些数字，我们就可以看出，德波双方的军事实力悬殊，尤其在坦克和飞机方面。并且，波兰军队不仅在数量上处于劣势，质量上与德军的差距也很大。特别在空军方面，德国的飞机是世界一流水平，而且刚刚经受过西班牙内战的实战检验，积攒了不少经验。

意识到凭自己的力量抵抗德军是不可能的，波兰人便寄希望于拖住敌人足够长的时间，等待盟友英法两国施加军事干预。早在1939年3月31日，英国首相张伯伦在下议院发表讲话，承诺英国会保障波兰的自由；法军总司令甘末林在5月曾承诺，法军将在法国政府宣布动员的15日内向德国发动进攻，围魏救赵，支援波兰。但是东欧平原一马平川，德军的装甲部队要不了15天就能在波兰长驱直入。更糟糕的是，波兰人绝对想不到，在西面抵抗德国侵略的同时，背后还有人捅刀子。

俄国（以及后来的苏俄、苏联）和波兰在历史上也有深仇大恨，就在1920年，波兰还打败过苏俄，后来苏联领导人斯大林也愿意暂时和希特勒合作。斯大林还怀疑，英法企图"祸水东引"，挑动苏联和德国之间开战，而后坐收渔翁之利。因此，斯大林乐意看到德国和英法之间发生战争，让这几个资本主义国家"狗咬狗"。

于是，苏联与德国在1939年8月签署了《苏德互不侵犯条约》，这让英法两国大吃一惊。今天我们知道，苏联和德国当时还签了一份秘密协议，约定两国瓜分东欧。

得到了苏联的合作，希特勒又相信英法不会为了波兰而开战，便放心大胆地发动了对波兰的入侵。

德军兵分三路，从北方、西方和南方同时进攻，首先由斯图卡俯冲轰炸机、亨克尔轰炸机和梅塞施密特战斗机发动先发制人的打击，摧毁波兰的机场和防御工事，然后德军的装甲部队快速推进，步兵部队随后跟进。

过去的历史书里经常说，德军进攻波兰是"闪电战"的第一次实战运用。

什么叫闪电战呢？就是让装甲部队、机械化步兵与炮兵，以及空军优势火力，紧密配合，协同突击。闪电战的基础是机械化，前提是拥有制空权。战机、坦克和机械化步兵的作战速度都很快，火力也很强。多兵种、多部队的密切配合，对指挥水平和部队素质有着很高的要求。

不过，其实在波兰战役期间，德军的机械化程度还很低，很多部队还依赖徒步行军，用马拉大炮和辎重，打法还是比较传统的。所以很难说波兰战役是真正的闪电战。

西盘半岛的战斗相对于整个德波战争，仿佛是一滴水相对于整个大海。由于德军进展迅速，半岛上的波兰勇士已经成为一支孤军，弹药和口粮很快耗尽，伤亡也越来越多，最终只得投降。他们接到的任务是抵抗12小时，但他们最终竟坚守了7天，牵制了德军3000人。

就连敌人也对这些波兰军人肃然起敬，当波兰军队向德军投降时，德军指挥官甚至允许波军少校保留佩剑。但几天之后，被俘的波军无线电操作员被勒令交出密码，并为此遭受酷刑折磨，宁死不屈，最后被敌人杀害。

格但斯克邮局保卫战

我的波兰朋友施库德林斯基在格但斯克的邮局博物馆工作。他身材伟岸，蓄着络腮胡子，看上去活像个维京海盗，没有一点儿"斯拉夫味道"。我和他一边喝咖啡，一边畅聊二战。没错，老施在这方面是专业的，他可是军事史博士。

我问他："今天的波兰人想到二战，还会恨德国人吗？"老施耸耸肩："有的人会吧。20世纪90年代以来德波关系虽然有很大好转，但也不是一帆风顺。波兰国内有些人，不管自己信不信，总是说今天的德国还要主宰欧洲，说欧盟是德国控制欧洲的特洛伊木马，亡我之心不死。所以经常有反德宣传。我觉得这很荒唐。波兰人和德国人今天都是欧洲人。两国的经济联系也很紧密，有很多德国人在波兰生活，也有很多波兰人在德国生活。至于我嘛——我小时候得了肺病，差点死掉，当时需要的特效药在波兰买不到，是一个在慈善机构工作的德国老太太给我家送了药。她是我认识的第一个德国人。"

老施工作的这个邮局博物馆，展品并不与邮政相关，而是与二战相关。这栋大楼是二战史上有名的战场。《铁皮鼓》里花了很大篇幅描写发生在这里的故事。那就是与西盘半岛战役同时发生的格但斯克邮局保卫战。

在20世纪30年代，格但斯克邮局大楼的法律地

★格但斯克的邮局博物馆，位于波兰邮局保卫者广场

★1939年9月1日，党卫军部队在ADGZ装甲车的支援下袭击了位于格但斯克（但泽）的波兰邮局

位很特殊。格但斯克是自由市不错，但邮局大楼属于波兰领土，相当于波兰在格但斯克包围下的一个小小的飞地。格但斯克大部分人口是德意志族，早就被纳粹煽动起来了，所以战争爆发后，当地的德意志族民兵和纳粹冲锋队、党卫队、警察等就把邮局包围得水泄不通，使其陷于孤地。

波兰人也不是没有准备。4月，波兰军官古德斯基奉命来到格但斯克邮局，训练邮局员工，做好防御准备。顺便说一下，那个时候的邮局工作人员因为要运送现金，往往是会配枪的，而且接受过一定的军事训练。9月1日战争打响的时候，邮局里有56人，绝大多数不是正规军人，武器方面除了3挺轻机枪之外，就只有轻武器和手榴弹。上级给这支非专业守军的任务是坚守6个小时，等待援军。

9月1日凌晨，在"石勒苏益格-荷尔斯泰因号"炮轰西盘半岛的同时，德军切断了格但斯克邮局的电话线和电线，然后在装甲车的支援下开始冲击邮局大楼。形势危急，敌人一度突入大楼，古德斯基不得不在近距离投掷手榴弹，虽然击退了敌人，但自己也被炸死。德军没想到这些邮差的抵抗如此顽强，不得不调来大炮和火焰喷射器，甚至出动工兵埋设了600千克炸药，准备爆破。即便如此，守军仍然奋勇抵抗。德军又想出了个歹毒的主意，就是向大楼地下室注入汽油，然后用手榴弹点燃，多名波兰守军被活活烧死。

坚守了长达15个小时之后，幸存的守军不得不投降。其中只有4人逃出生天，数十名俘虏被德军枪决。几十年后，格但斯克邮局大楼成为博物馆，我和老施就在这里聊天。

西盘半岛和邮局的保卫战，都是面对占绝对优势敌人的毫无胜算的绝望战斗。

波军虽然顽强抵抗，但实力与德军差距太大，武器装备也基本落伍，尤其是严重缺乏无线电设备，通信十分不畅。9月10日，德军第4装甲师就逼近了波兰首都华沙。9月16日，德军在华沙以东80千米处包围了波军的两个集团军。德国空军向拥挤在狭小包围圈内的波军狂轰滥炸，迫使12万波军投降。

与此同时，英法虽然向德国宣战，但并没有像之前信誓旦旦的那样，向波兰伸出援手。法军总司令甘末林说要等待英国远征军抵达欧陆，并动员法军的全部预备役人员，然后才能向德国发动进攻。他还说要花时间从美国购买军火。并且，法国的战略思想是防御性的。

15.8万英国远征军跨过英吉利海峡，驻扎在法国。但英法联军与西线德军只有一些零星交火，没有要打大仗的意思。这个时期的西线战事也因此被称为"虚假战争"或"静坐战"。英法按兵不动固然有务实的考虑，但从波兰的角度来看，确实是见死不救。

9月17日，苏联也入侵波兰。波兰遭到德军和苏联红军的两面夹击，无论波兰军人多么英勇，都无法挽回迅速崩溃的命运。德军和苏联红军不久后会师。根据之前的秘密协议，德国和苏联瓜分了波兰。

布龙贝格血腥星期日

波兰确实是受害者，但它也犯下了一些战争罪行。这段历史很容易被人遗忘。

1939年9月3日，也就是战争爆发的第三天，在波兰西部城市比得哥什（Bydgoszcz）发生了一起惊人的惨案。

比得哥什在中世纪曾经属于波兰王国，但在1772年第一次瓜分波兰期间被割让给普鲁士。除了在拿破仑时期曾短暂地属于拿破仑建立的华沙公国，直到1919年，比得哥什都属于普鲁士和后来的德意志第二帝国，直到第一次世界大战之后才被划归新独立的波兰共和国。

数百年来，比得哥什是一个德意志人和波兰人杂居的城市，所以这座城市有一个德语名字叫布龙贝格（Bromberg）。波兰当局对这些德裔少数民族对波兰的忠诚度是非常怀疑的。这也是当时欧洲（尤其是中东欧）各地少数民族的普遍命运：在主流民族的猜忌、敌视或容忍下勉强讨生活。少数民族很容易被怀疑为"境外势力"的"第五纵队"，但即便没有与"境外势力"合作，他们也很难得到主流民族的认同。

二战爆发后，德军逼近比得哥什的时候，比得哥什市政府组织了一支民兵"自卫队"，准备保卫家乡。城里的气氛非常紧张。

9月3日，市区的但泽大街上突然爆发骚乱。有人说，有德国特务在新教教堂的塔楼上向外面开枪。波兰市民群情激奋，一口咬定当地的德裔居民与德军合作，要出卖这座城市。波兰军人和武装市民开始对德裔居民发动攻击，对他们的居住区打砸抢烧，一直闹到9月5日早晨德军进城时。

许多房屋遭到抢劫，一座教堂被烧毁。城里是不是真的有德国特务与德军里应外合，以及城里的德裔居民是不是真的"通敌"，今天我们已经无从知晓。这场骚乱是否可能源于意外、误会或群众的歇斯底里情绪？

纳粹看到比得哥什发生了这样的血腥事件，可以说是喜出望外，正好利用此事大做文章，宣传波兰人是多么野蛮、波兰统治下的德裔少数民族是多么悲惨可怜，进而证明入侵波兰的德军作为"正义之师"是多么"师出有名"。

纳粹的宣传机器给这个事件定了性，称之为"布龙贝格血腥星期日"。大批德国记者赶往比得哥什，拍摄尸横遍野的惨景，还邀请外国记者来报道。与此同时，德军也没忘了报复，在比得哥什周边枪杀了数百名平民。当然，这些是不会上新闻的。

为了搜集"波兰人暴行"的证据，德国高层命令柏林刑警干部魏纳带队前往比得哥什。他的一个重要任务就是确定遇害德裔居民的人数，私下里估计受害者有5800人。到了1961年，他表示当年受到上级的授意，出于宣传目的，要说有58 000名德裔居民被波兰人杀害。

那么，"布龙贝格血腥星期日"的真相究竟是什么呢？至今仍然没有确切的答案，就连死亡人数，各方也给出了相差很大的估算，从数百人到数千人不等。

当然，我们描述波兰人的战争罪行，并不是要为纳粹开脱和辩护，而是希望提醒大家，历史是错综复杂的,特别是在民族主义大行其道的二战期间。而历史研究者的责任,就是尽可能地去了解真相。

争议并未随战争结束

在去格但斯克几天前,我在华沙的时候,专程拜访了两位历史学家——帕维尔·马赫采维奇教授和他的夫人安娜。他们住在华沙远郊,我从市中心出发,错过了火车,只得打了个优步网约车。好在波兰的网约车价格与中国差不多,比西欧和北欧便宜太多了。夜幕已经降临,车在一个宁静的别墅区停下。但我一下车,就惊动了附近房子里的狗,犬吠震耳欲聋,可见肺活量相当惊人。天太黑了,看不见门牌号,我只得打电话给马教授。他很快出来迎接,还牵着一条大狗。原来就是它在"欢迎"我。

马教授问:"你不怕狗吧?"我说我也养过狗,所以不怕。进到屋里,与安娜见面。马教授介绍了它的爱犬,说是从动物庇护所领养来的。本来是个没人要的可怜孩子,在两位学者的精心照料下已经油光水滑。安娜说它"像条龙"。

马教授夫妇俩的形象都很符合我想象中的东欧知识分子，瘦削，略带疲惫和忧伤，但对朋友非常诚恳和热情。安娜做了烤三文鱼，马教授拿出白葡萄酒，我们边吃边聊。

起初，我是想和马教授聊聊当前欧洲的政治局势，但不由自主地，话题还是转向了他为之呕心沥血的格但斯克二战博物馆。马教授于2008年受当时的波兰总理图斯克（2014年就任欧洲理事会主席，2023年再次成为波兰总理）委托，在格但斯克创办二战博物馆。创业艰难，筚路蓝缕，博物馆于2017年落成，但随后引发了不少争议，导致马教授被剥夺馆长职位。他后来专门写了一本书《永不结束的战争》来详细记载此事。

争议是什么呢？按照马教授的理念，这个二战博物馆不应当仅仅讲述波兰的故事、纪念波兰的苦难、颂扬波兰的英雄，而应当有全球视角，所以关于波兰的展品仅占一小部分，他将视线投向更广阔的世界，包括展览关于中国抗战的文物。而当今一些波兰民族主义者指控他"不爱国",因为"这毕竟是我们波兰的博物馆,为什么要讲英国的、意大利的、苏联的、中国的故事?"为什么要淡化和缩减波兰的份额?是不是不尊重波兰的先烈?马教授还被指控受到了"西方影响"。在波兰民族主义者看来,这个博物馆项目得到了欧盟资助,所以来传播这种国际主义的、不重视波兰的叙事。

如老施所言,在今天部分波兰人眼中,欧盟是德国企图主宰欧洲的工具,这样一来马教授就颇有"亲德"和"卖国"嫌疑。马教授则认为对方企图将历史和历史记忆工具化,为当下政治和狭隘民族主义服务,损害了学术公正和学术自由。他还指出,波兰在二战中的历史原本就是整个二战历史的一部分,企图将波兰这段历史割裂出来并加以放大,是不妥的。波兰人固然应该铭记自己的历史,但也应当有广阔的视野和开阔的胸襟,去学习和了解别人的历史。

马教授的另一个理念是,二战史不等于(而是远大于)二战的军事史,给公众灌输军事知识,让大家都对坦克飞机的性能数据如数家珍，意义不大；应当有更多篇幅来讲述二战当中平民的历史，他们怎样经受苦难和折磨，普通人在二战中的经历和感受是怎么样的，而不是聚焦于将军、王牌飞行员、战斗英雄或政治家。他甚至发出警示，反对某些人对历史和历史教育的"军事化"。波兰民族主义者因此指责马教授过于"软弱、幼稚"，企图对波兰青少年"去军事化"，让他们变成崇尚和平主义的懦夫。马教授则认为对方将军事和战争视为"荣耀"和"男子汉气概"的符号，这种观念是非常不可取的；战争博物馆应当是反战的，而不是宣扬战争的所谓"荣耀"，因为对绝大多数人来说，战争并不荣耀。

拜访马教授之前，我就已经拜读了他的《永不结束的战争》，现在听他一聊，更是深有感触。他探讨的历史教育和历史记忆问题，其实不仅适用于波兰，而是具有普遍意义的。因此我对他说，自己过几天去格但斯克，一定要去看看他创办的二战博物馆。马教授则建议我可以去拜访一下他曾经的下属施库德林斯基，也就是我前文提到的老施，他参与过二战博物馆

★ 格但斯克二战博物馆

的早期工作。

　　格但斯克二战博物馆建筑的造型非常吸引眼球，是一座40米高的红砖斜塔，正面是玻璃幕墙，不是传统的历史感风格，而是非常有现代感。馆内人潮涌动，大多是青少年，毕竟这是个重要的爱国主义教育基地。展览部分其实主要是在地下，斜塔的上面几层是档案馆、图书馆、研究机构和会议室等。但地下的展览部分的规模已经非常庞大，我走了一会儿就累了。

　　呈现在我面前的确实是一部全景式的二战史，而非仅限于波兰或者格但斯克的二战史。如果不是已经读了马教授的书并且与他聊过，我可能会很惊讶。格但斯克虽然是历史名城，但它在波兰毕竟也不算是最重要的中心，而这样一座小城居然有雄心壮志办一个呈现整个二战史的博物馆，确实是胸怀天下，具有世界主义风度。而且正如马教授所言，这里的展览确实不像很多传统的二战题材博物馆那样聚焦于硬核军事，而是用很大篇幅探讨了平民生活、战争罪行等话题。

　　就我观察来看，格但斯克这个博物馆的质量是非常高的，展品丰富，布置巧妙，解说文字专业，而且很"现代"，结合了声光电多媒体等高科技。如果仔细看下来，可能需要好几天时间，完全可以帮助一个对二战史不甚了解的人建立起一个知识框架。从这点看，我觉得马教授的努力是成功的。

　　展品当中我觉得最有意思的几件，首先是一辆保存完好的谢尔曼坦克，车头有中世纪波兰翼骑兵的徽

★ 谢尔曼坦克

标。西线的波兰军队就曾使用过它。1939 年波兰被德国占领后，波兰政府流亡到伦敦，随即开始在英法境内组织新的波兰军队，其成员有的是生活在英法等国的波兰侨民，有的是不远万里从被占领的波兰前来投奔的波兰军人，还有的是在德国入侵苏联之后，被苏联释放的前波兰战俘。到二战末期，在西线作战的波兰军队有将近 20 万人，在西方盟军的框架内参加了西线和北非的几乎所有重要军事行动，包括在意

★ 邹洪斌手写材料

大利的作战、诺曼底登陆和市场花园行动。此外，还有很多波兰人在英国军队里服役，比如在1940年不列颠空战期间，就有波兰飞行员与英国飞行员并肩作战。

还有一件重要展品是被日本731部队胁迫劳动的中国人邹洪斌在战后作证的手写材料，其中写到日本人搜集老鼠，用于细菌武器实验。西方人对中国抗战的故事了解不多，我很高兴看到波兰学者搜集并展览了这件史料。单是从这个角度，我就很认同马教授办博物馆的国际主义视野。

第二章

一艘波兰军舰的奇幻漂流

★

格丁尼亚，1939

波罗的海之滨的三座城市——格但斯克、格丁尼亚和索波特组成了所谓的"三联市",就是三个城市互相之间建立了紧密的合作。对我这样的游客来说,主要体现在可以购买三联市的公共交通通票,所以在告别了格但斯克后,我就乘坐火车,奔赴先前在火车上偶遇的那位少女的家乡。

20世纪20年代,新生的波兰共和国为了对抗被划为自由市(由德意志人控制)的海港格但斯克,决定发展自己的海港,也就是格丁尼亚。羽翼初生的波兰海军也以这里为基地。

天公不作美,一下火车就下雨了。我打着伞走到海边,看到海上波涛汹涌,海天相连,都呈铅灰色。这么糟糕的天气,还有一小队波兰军人在雨中列队,听长官在讲着什么。我一头扎进格丁尼亚海军博物馆,既为参观,也为躲雨。门口摆着锃亮的螺旋桨,后院放着巨大的船锚,都是从参加过二战的舰船上卸下来作纪念的真家伙。这是更传统的军事博物馆,塞满了各种武器装备,包括德制20mm高射炮。这玩意儿是影视剧的宠儿,频繁出镜,像《拯救大兵瑞恩》

★ 格丁尼亚海军博物馆中的德制20mm高射炮

《兄弟连》等知名作品中都少不了它的身影。虽然主要用来打飞机，但如果放平了用来打人，也是非常凶残的。顺便说一下，当年在北非，隆美尔也发现用88mm高射炮来打击地面目标的效果极好，打坦克简直就像用开瓶器一样轻松。

"闪电号"

走出博物馆，不远处的码头上停泊着许多船只，高耸的桅杆看上去如同一片小树林。其中最显眼的是两艘被当作博物馆的船，都是货真价实的文物。其中那艘高高地飘着波兰白红两色国旗、各种缆绳密如蛛网的帆船名叫"波美拉尼亚的馈赠号"（Dar Pomorza），是德国在1909年建造的训练舰，后被波

★ "闪电号"外观

兰人买下作为波兰海军的训练舰，因此它对波兰海军的发展颇有贡献。它于1934—1935年环游世界，途中抵达的很多港口都是初次有波兰舰船访问。

另外一艘就是我今天游访格丁尼亚的主要目标：驱逐舰"闪电号"（Błyskawica）。灰色舰体，黑色和棕灰保护色，双联装炮塔，尤其是矮壮的烟囱，一看就是二战风格。粗大的铆钉和坑坑洼洼的焊接结构，在今天已经显得非常古朴。我从船舷的梯子登上驱逐舰，想问在哪里买参观门票。甲板上只有一名穿军装、戴船形帽的士兵在收拾东西。他耸耸肩："今天电脑坏了，没法卖票。你就看吧。"

喜从天降，我道了谢，就先在甲板上转悠，摸摸炮塔，敲敲探照灯。有意思的是，舰桥上挂着一个大大的十字勋章，那是象征着波兰最高级别的军事荣誉——设立于1792年的军事功勋勋章。波兰历史上只有一艘船获得过这个勋章，就是"闪电号"。

我从梯子走进舰船内部。部分舱室是封闭的，不能参观，我看了轮机舱，只见令人眼花缭乱的各种机器、仪表，我这个文科生看也看不懂；还参观了一个水兵宿舍，都是窄窄的小床，墙上贴着一些旧报纸，还有一些黑白老照片，也许是当年的官兵留下的，照片里的军人个个英姿飒爽，有一个娃娃脸的水兵还搂着他胖胖的老婆和胖胖的孩子。军官舱室稍微大一点，胡桃木桌上铺着航海图，还有一个大文件夹，里面夹着一些文件和照片，可惜都是波兰文，我一个字也看不懂。走累了，我就在军官餐厅的桌前坐下。即使是军官专用餐厅，空间也非常狭小。我在凳子上坐着的时候，胸口几乎抵着餐桌。如果是个胖子的话，恐怕坐不下。那就夹在这个窄窄的缝里，神游片刻，想象下这位将近九十高龄的"老人家"的奇幻漂流吧。

孤悬海外

"闪电号"是波兰于1935年下单，请一家英国船厂建造的，在当时是速度最快、武装最强的驱逐舰之一。毕竟波兰并不富裕，钱要花在刀刃上，所以在设计上想方设法地叠加优势，结果有点头重脚轻。波罗的海的海况相对比较平和，不会有太大风浪，所以问题不大。等到后来"闪电号"去了惊涛骇浪的北大西洋，就不得不做一番手术，降低重心。不过那是后话。

1939年8月30日，也就是德国入侵波兰的两天前，根据事先的计划以及与英国的约定，波兰海军执行了"北京计划"（这个名字起得奇怪），准备避开德军锋芒，将包括"闪电号"在内的3艘驱逐舰撤离格丁尼亚，驶往英国。留得青山在，不怕没柴烧，"北京计划"就是为了保存波兰海军的实力。

"闪电号"在8月30日和31日都遭遇了德军舰船，当时德军已经在黑压压地冲向格丁尼亚和格但斯克。但战争还没有正式爆发，所以德军也没有阻拦。"闪电号"在9月1日晚间抵达苏格兰，加入英国皇家海军的序列。此时德军已经攻入波兰本土。数百名波兰海军官兵从此孤悬海外，思念着被侮辱被践踏的祖国，同时化悲痛为力量，尽自己最大的努力，向德国复仇。

几天之后的9月7日，"闪电号"首次与德军交手，攻击了一艘德军潜艇。1940年4月至6月，英国和法国联合出兵，帮助挪威抵抗德国的侵略，"闪电号"也代表波兰参加了战斗，炮击德军阵地，还击落了2架德军飞机。但可惜的是，与"闪电号"同来的另一艘波兰驱逐舰被击沉。西线局势崩坏后，5月26日至6月4日，英军从敦刻尔克撤退，"闪电号"也参加了掩护英军撤退的战斗。在战争的余下时光里，"闪电号"在英军组织框架内，在大西洋和地中海参加了不计其数的护航、巡逻和战斗任务。

1942年5月4日至5日夜间，德军出动160架轰炸机袭击英国本土。当时"闪电号"正好在它的出生地——怀特岛的J. 塞缪尔·怀特造船厂接受维修，于是用高射炮拦截德军机群，并释放烟雾弹。由于短时间内进行了大量射击，炮管都烧红了，不得不从河里取水给炮管降温。不过，正是由于波兰士兵的努力，迫使德军轰炸机不敢降低高度，只能在高空投弹，也就大大降低了投弹的精确度，从而挽救了不少英国军民的生命。2012年，"闪电号"时隔70年重返怀特岛，参加了当地民众举行的仪式，以纪念波兰军人在二战中的贡献。

第三章

中华门下的血色记忆

★

南京，1937

外地朋友来南京游玩，中华门城堡还是值得一看的。今天我们能看到的中华门城堡始建于明初，是南京城老城区的正南门，在南京各城门中最为高大雄伟，有三道内瓮城。其原名聚宝门，传说是因为门下埋有半神话人物——江南大富翁沈万三的聚宝盆，实际是因它正对的聚宝山而得名。1927年4月，国民政府在南京定都。1928年7月，国民政府与南京市政议会决议，将南京的多座城门改名并加以整修，其中把聚宝门改名为中华门，并于1929年4月请时任国民政府主席的蒋介石书写了"中华门"匾额。中华门城堡是中国现存最大的城堡式瓮城，在全世界存世的古代城市防御工事当中也首屈一指。

中华门城堡是南京明城墙的一部分，是由完整的3重瓮城、4道城门组成的防御体系，它南面城门高21米多，由大条石筑底，顶部以城砖砌筑垛口。

南京明城墙分内、外两道城墙，称为内城与外廓，为世界之冠。其中，内城周长33.67千米，高度在14—21米，有正阳门、朝阳门（今中山门）、太平门、神策门、金川门、仪凤门、定淮门、清凉门、

★1931年开辟中华西门、中华东门时的航拍照

★中华门城堡今景

石城门、三山门、聚宝门、通济门等13个城门，所谓"内城门十三"。南京内城墙不同于其他地方的夯土包砖式城墙，而是属于首都级别，超过95%的段落由纯长条石筑底、纯城砖砌筑，举世无双，其中至今基本保存完好的城墙长达25.1千米。我在欧洲见过的类似的比较完整的古城墙，大概只有瑞典哥得兰岛上维斯比的城墙，建于13—14世纪，与始建于明初的南京城墙差不多，而且确实也很壮美（我曾在黎明攀上维斯比城墙，饱览海面上红日徐徐升起的盛景，终生难忘），但维斯比古城墙的全长只有大约3.44千米，与近34千米长的南京内城墙没法比。

外廓则呈菱形布局，周长60千米。其修筑因地制宜，利用天然土坡作为基础，仅在薄弱地段加砌城墙并开设城门。城墙高8—10米，宽6—8米，设有麒麟门、仙鹤门等18座城门，所谓"外城门十八"。

南京城墙重关屹立，"内十三，外十八"，形势嵯峨，被后人称之为"高坚甲于海内"，基本奠定了后来数百年间南京城的范围与基础，直至民国年间未有大变。

来自欧洲的二战史学家

我生活在南京，中华门城堡去过很多次，后来有了孩子，又带孩子去游玩过。2019年，我的英国朋友基思·罗威来中国游览，其中一站是南京，我就和几个朋友一起带他参观了中华门。

罗威是英国著名历史学家，他撰写的几本与二战有关的书被翻译成十几种语言出版，在世界范围都很有影响力，在中国也很畅销。比如描写二战余波的《野蛮大陆》。这本书讲的是二战的欧洲战事并未随着1945年5月8日德国投降而神奇地瞬间结束，首先是因为战争造成的破坏对经济、社会和伦理的影响深远，然后是因为多个欧洲国家为了决定未来的政治形态，还发生了一系列冲突，甚至内战。这是一本很"致郁"的书。另一本《恐惧与自由》写的是二战在国际秩序、制度和文化层面如何影响后世，也很值得推荐。

之前我去英国几次，都得到罗威的盛情招待。我第一次乘坐"伦敦眼"摩天轮，还是他请的客。他还曾陪我从伦敦坐火车，花了大半天的时间去博文顿坦克博物馆，参观了131号虎式坦克——目前世界上唯一能够正常运作的二战时期的德制虎式坦克。

后来罗威告诉我，他计划写一本新书，探讨世界各国如何纪念二战。他以前的书都聚焦于欧洲，这次觉得必须扩宽视野，所以得来中国一趟。我陪他先去北京，重点参观了卢沟桥，还去爬了慕田峪长城。

在北京待了几天后，我们直接南下至南京。我和几个朋友一道，给罗威当导游。大家一起参观了南京城内蛮多具有历史意义的景点，中华门城堡就是重要的一站。

我们站在20多米高的中华门城门顶端，向南俯瞰，下方便是长干桥，一派车水马龙的景象。城墙如带，从我们所在位置向东、西两侧延伸出去，超出视线范围。这便是秦淮风光带了，是个休闲的好地方。可以看到城墙脚下有人在跑步，有老人在练太极拳，有青年父母推着婴儿车，各得其乐，优哉游哉。

★ 我与罗威在中华门前合影

从淞沪会战说起

很难想象，几十年前的此地竟然被战火吞噬。我们还带领罗威参观了城墙内部保存完好的重机枪工事。现在中华门南侧墙体上当年被日军重炮轰击的弹痕还历历在目，站在这处见证民族抗战的事发地，我们向罗威讲述了南京保卫战的故事。

提到南京保卫战的开端，那就要从之前的淞沪会战说起。

1937年8月13日，上海爆发了一场大规模的会战，这就是淞沪会战。"淞"指的是上海范围内的吴淞江，也叫苏州河；"沪"就是上海的简称。

1937年7月28日，平、津局势骤变：日军集中强大兵力并出动战机，猛攻南苑第29军部队；激战至下午，既缺少重武器又无险可守的中国守军被迫撤退，又在大红门遭日军伏击，中国军队伤亡惨重，第29军副军长佟麟阁、第132师师长赵登禹阵亡。第29军军长宋哲元被迫于当夜率部撤退到保定。7月29日，日军占领北平；7月30日，日军占领天津。卢沟桥抗战失败。

消息传到南京，举城震惊。1937年8月7日，国民政府召开国防联席会议，正式确立"抗战到底，全面抗战"的国策，制定"持久消耗战略"作为基本战略方针，并于8月13日在距离首都南京仅300千米的上海开辟第二战场。

这是为什么呢？

其实早在淞沪抗战（1932年1月28日至1932年3月3日）结束后，国民政府就已经预料到中日在上海还会再战，日军会从上海向南京侵犯。蒋介石采纳了德国军事顾问亚历山大·冯·法肯豪森将军的建议，从1933年开始，就在从上海到南京的沿途建立淞沪线、吴福线、锡澄线三道防线，积极修筑国防工事备战；在南京地区，则从长江南岸的各军事要点，到长江北岸的浦口、浦镇、江浦县城，构筑两道由大小碉堡、掩蔽部、观测所、指挥所、蜿蜒曲折的战壕、坑道等组成的永久性国防工事：

第一道是南京外围的弧形防御线，起自南京东北部长江边的栖霞山、龙潭，向东、南延伸至汤水镇、青龙山、淳化镇、湖熟镇、方山、秣陵关、牛首山，再向西延至长江上游江边的江宁镇、大胜关，以东南为主要防御方向。

第二道是紧邻南京城的复廓弧形防御线，起自南京东北部长江边的乌龙山、幕府山、杨坊山，向东延伸至紫金山、麒麟门、河定桥，再转向南、向西，经雨花台至长江边的板桥镇，为外廓；以南京城垣为内廓，在高大的城墙上与城墙外，构筑各种大小碉堡，在城墙内部，开挖重机枪与平射炮的射孔，形成城内、城外两线阵地互相支援的复廓防线。

这两道防线的起点与终点，均依托于长江天堑，与长江以北的江浦、浦镇、浦口防线相连，形成环形要塞。

1935年12月2日至8日，国民政府军事当局在南京至宜兴间的天王寺、溧水、溧阳、张渚一带，以京杭国道为东、西两军的主要交通线，模拟日军从上海来犯南京的情形，进行了一次名为"秋季大演习"的南京保卫战大演习。

到1937年8月13日，国民政府发动淞沪会战，

★1935年12月南京"秋季大演习"

有以下几点考量:1.打破日军速战速决的战略,阻止日军集中兵力快速南下,减轻华北战场压力。2.上海是国际化大城市,众多列强在沪有巨大的政治和经济利益,选择在这里打,可以制造重大国际影响,争取有利的国际舆论,进而争取外援。比如中苏很快就谈妥了军援军购协议并加以执行。3.江南水网河道密集,地形复杂,不利于日军的机械化作战,可以尽可能拖住敌军,争取时间推进华东工业企业和资源的内迁。

蒋介石在淞沪战场投入了他的精锐嫡系部队，包括几个接受德式训练、配备德式装备的"德械师"，可以说是下了血本。德械师虽然人员和装备不足，但已经是中国军队最好的部队了。德国军事顾问法肯豪森将军还去往上海，指导中国军队作战。

中国军队在淞沪的总兵力达到75万人，日军只有30万人，但日军的武器装备和训练水平要更强，而且还有强大的海军舰炮与航空队的火力支援。而中国军队的火炮极少，只能依赖轻武器。战况激烈，中国军队伤亡严重，大多数师，尤其是蒋介石的精锐部队，兵力损失都超过一半，总的伤亡约在25万到30万人。但中国军队的英勇奋战有目共睹，造成敌人伤亡数将近10万。

中国空军虽然弱小，装备也落后，但仍然勇敢地向停泊在上海黄浦江上的日军战舰发动了空袭。由于日军的高射炮火非常猛烈，中国空军的战绩有限。但中国飞行员的勇气可嘉，甚至赢得了敌人的敬佩。比如飞行员阎海文的战机被击落后，他跳伞落入日军阵地，开枪打死了数名日军，在面对日军劝降时高呼：

"中国无被俘空军！"随即用最后一发子弹自杀。日军对阎海文的英勇作战、壮烈殉国非常敬重，为他安葬并立碑纪念。

攻还是不攻，守还是不守

　　淞沪血战进行了3个多月，到1937年11月上旬，由于日军在武器装备和火力上占据优势，并派遣援军在杭州湾登陆，绕到中国守军的后方，对上海形成了包围之势。中国军队不得不撤离上海。1937年11月12日，上海失守。

　　此时，在日本军政高层内部，关于是否从上海进攻南京的战略决策上，存在着重大分歧。石原莞尔——曾主导九一八事变的日本陆军参谋本部第一部（作战部）部长——表示要慎重，认为鉴于日本的国力和日本面临的国际形势，在战争进程中要适可而止，并提出了"不扩大方针"。他主张日本应固守满洲（中国东北三省）既得利益，以强势姿态迫使中国和谈并建立反西方同盟（当时主要针对苏联），而非陷入全面侵华的泥潭。石原警告道，如果日本全面侵华，"其结果将会如同拿破仑在西班牙遭遇的灾难一般——缓慢地陷入难以自拔的沼泽"。[1]我们知道，石原的预言后来成真了。但正处于侵华战争狂热中的日本军政上层主流派，对"慎重派"的声音不屑一顾。1937年年底，石原莞尔被解职，调离陆军参谋本部。尽管石原莞尔因其"对华缓和论"被排挤出决策核心，但他主张的地缘战略思想仍具有重要影响。

日军于1937年11月12日攻占上海前后，日本军政上层中的一些"慎重派"害怕在中国陷入"沼泽"不可自拔，主张将战事限制在上海一带，在苏州、嘉兴附近一线划了一条"制令线"，要求日军不得越过此线，更不得向中国的首都南京发动攻击。

但在日本军政上层中，有越来越多的强硬派认为，为了进一步实施对中国的武力征服与战争恐怖威

1　日本防卫厅防卫研究所战史室编：《中国事变陆军作战史》第一卷第一分册，田琪之译，中华书局1979年版，第137页。

慑政策，为了更快地实现"以战迫和""以战迫降"，只攻占北平、天津乃至上海还远远不够，必须攻占中国首都南京，才能迫使中国政府与中国人民迅速而完全地屈服。

指挥攻占上海的日本华中方面军司令官松井石根大将，就是"强硬派"的代表人物，力主"首都攻略论"，鼓吹攻占南京就能迫使国民政府投降，从而快速终结战争。这位经验丰富的"中国通"公然违抗军令，默许前线的师团长们突破"制令线"，展开追击作战。从上海、苏州、无锡，再到常州，日军的推进态势最终迫使刚成立不久的日本大本营，于12月1日正式下达了攻占南京的书面命令——"大陆命第8号"，其主要内容是："华中方面军司令官须与海军协同，攻占敌国首都南京。"[1]

当日，日本陆军参谋本部次长多田骏中将从东京飞抵上海，亲自向华中方面军司令官松井石根大将下

1　日本防卫厅防卫研究所战史室编：《中国事变陆军作战史》第一卷第二分册，齐福霖译，中华书局1979年版，第109页。

达这一指令。

日本华中方面军这种典型的"下克上"现象，与6年前关东军参谋板垣征四郎、石原莞尔策划九一八事变的手法如出一辙。颇具讽刺意味的是，当年作为侵华先锋的石原莞尔，此刻却成了日本内部少有的"慎重派"。

与此同时，蒋介石方面则在讨论是否固守南京。从淞沪战场撤下的部队损失惨重，疲惫不堪，兵力和武器装备都严重匮乏。副参谋总长白崇禧认为："现部队已残破不全，也没有后续部队可调度，建议宣布南京为不设防城市。"第五战区司令长官李宗仁也主张弃守南京："南京在战术上是个绝地，敌人可三面合围，而北面又阻于长江，无路可退，以新受挫折的部队来坐困孤城，实难望久守。"蒋介石询问军事顾问法肯豪森的意见，后者从军事角度赞成李宗仁的论点，并主张"不做无谓的牺牲"。

但是要不战而放弃首都，蒋介石认为实在是奇耻大辱。

刘斐中将（国民政府军事委员会第一部作战组组

★ 德国军事顾问在南京的合影。站在前排中间的是法肯豪森将军

长）建议："用12至18个团象征性地适当抵抗后主动撤退。"最后，唐生智上将表示："愿意坚决死守，与南京城共存亡！"经过一番犹豫，蒋介石于11月20日正式任命唐生智为南京卫戍司令长官，进行南京保卫战。

　　唐生智能站出来，是一个出人意料而又在意料之中的结果。"出人意料"，是因为他当时担任国民政府训练总监部总监，已经脱离一线指挥多年，与其麾下

★ 唐生智将军

各部队和将领也不熟悉。更令人担忧的是其每况愈下的身体状况。据白崇禧回忆，某次他陪同唐生智视察城防，时值隆冬，这位守将裹着厚重军大衣仍显不支。即便全程乘坐军车巡视，刺骨寒风仍令他面色青白。当视察至需徒步攀爬的城墙地段时，唐生智只能委派参谋长代行勘察，自己则蜷缩在车内。白崇禧后来说："唐的体质羸弱不堪，蒋以唐防守南京，实无知人之明。"至于"意料之中"，则是因为南京的城防工程是唐生智主持修建的，1935年末的南京"秋季大演习"，他又担任总指挥。

当时南京的城防工事有一定规模，所以蒋介石期望唐生智能够固守3个月至一年。

国民政府部署了政府机关、工厂、学校和民众的撤离。淞沪会战爆发以前，南京人口有100多万，经撤离疏散，又计入了从上海、苏南各地逃亡至此的民众，南京沦陷前仍有50多万人。

唐生智手中的部队，包括刚从上海前线撤退下来的第36师、第87师和第88师和教导总队，这些都是国民政府最精锐的德械师，可惜此时已经残破不全，加上从别处抽调来的10个师，总共13个师，再加上宪兵、江宁要塞部队，理论上的满编兵力有18万人左右，但实际人数不会高于11万—15万人，而且大部分是从上海战场撤出的残部。第36师师长宋希濂后来回忆说："第36师打完淞沪战役后，全师仅剩3000人，又奉命参战，驻京之后虽补充新兵4000人，但全师多是初入伍没摸过枪的新兵。"据统计，唐生智手下的总兵力约有8万人，其中新兵就占3万人。日军进攻南京本身的总兵力在7万人左右，但武器装备和战斗力比唐生智的部队强得多。

外围陷落，战幕拉开

1937年12月2日，长江天险江阴要塞陷落，南京门户洞开。4日，第51师与装备德制一号坦克的陆军装甲兵团第三连，在南京东部的淳化镇地区与日军先头部队爆发激烈遭遇战。举世瞩目的南京保卫战开始了。日军首先向南京的外围防线发动进攻，战斗异常激烈。12月7日凌晨，蒋介石乘专机撤离南京。他下一次到南京的时候，已是8年以后。

至8日深夜，日军已全线突破国军外围防线，外围一线的中国守军伤亡惨重，唐生智仓促下令部队放弃外围阵地，退守第二道防线，即以明代修建的高大城墙以及城外的雨花台和紫金山两个支点为核心的复廓阵地。由于缺乏周密的撤退计划，守军在转移途中遭日军衔尾追击，致使敌军长驱直入、兵临城下。

12月9日，日军已推进至南京城下，从四面将南京紧紧包围。日本华中方面军司令官松井石根认为，在强大的军事威胁下，被围在城内的中国守军无处可逃，必将放弃抵抗，向日军乞降，因此下令部属写了一份劝降书，由翻译官冈田尚译成中文后印刷了数千份，用战机向南京城内空投散发，勒令守军于次日正午前投降，否则将发动全面总攻。

9日凌晨，日军第36步兵联队在光华门附近的南京城墙外与中国军方教导总队的一个营发生激战。在伤亡过半后，中国军队退入城墙防御。当日军试图尾随突入时，守军突然打开电灯暴露日军位置，以轻武器火力实施反击，迫使日军撤退。

日军随即调来两门山炮轰击城门，同时派出战机对该区域进行数次空袭，造成中国守军百余人伤亡，驻防中华门的第88师524团紧急调派一个营驰援光华门，牺牲了约300人。日军工兵多次实施爆破企图摧毁城门，但三次尝试均未造成实质性破坏。增援日军向城门发起冲锋时，遭中国守军火力压制而伤亡殆尽。战斗中，数名中国守军主动出击焚毁了城墙外的面粉厂，因为它比城墙还高，很容易成为敌人的观察点。城外落单的一小队中国士兵也袭扰日军后方，狙杀了多名日军传令兵。至夜幕降临，首日战斗以双方僵持告终。

当日，唐生智向守城部队发布严令："我军目下已在复廓阵地与敌决战，各部须与阵地共存亡，擅自后退者定予严惩不贷。"为贯彻死守命令，唐生智将最精锐的第36师（师长为宋希濂）部署在下关码头，严防部队渡江溃逃，同时将大部分大型船只调往汉口。现场报道战况的美国记者蒂尔曼·德丁目睹了震撼一幕：一小队中国士兵构筑街垒后，肃穆地围成半圆，彼此立誓与阵地共存亡。

总攻下的顽强抵抗

松井石根见诱降不成，恼羞成怒，下令各部对南京发起总攻。12月10日下午1时，日军第16师团当即向紫金山主峰的教导总队阵地发起猛攻，这座雄踞城东北的地标山脉顿时硝烟弥漫。日军士兵在陡峭山脊间攀爬前进，不得不以惨烈的步兵冲锋逐个夺取中国守军据点。沿紫金山南麓推进的部队同样举步维艰。

与此同时，在南京城东更靠南的区域，日军其他部队面临强渡宽阔护城河的艰巨任务——这道天堑横亘在他们与中山门、光华门和通济门之间。不过日军此前的快速推进发挥了关键作用：原定驻防此处的中国主力部队尚未完成布防。

当晚，逼近光华门的日军工兵与炮兵在城墙上炸开缺口。第36联队两个中队立即发起突袭，但随即遭到中国守军一系列顽强反击，被压制在突破口。

中国守军紧急调集第83军和精锐第87师增援，包括火炮和装甲车。他们以钳形攻势猛攻日军立足点，给日军造成重大伤亡。为巩固桥头堡，日军不得不投入第三个中队增援。城墙上的中国守军居高临下投掷手榴弹，甚至点燃浸透汽油的木材砸向日军。若非师团主力及时以密集炮火支援，这支日军恐遭全歼。其中一支88人的中队仅剩8人生还，包括队长伊藤少佐在内的指挥官全部阵亡。中国军队在反击中也付出阵亡30余名官兵的代价。

与此同时，日军第6师团正向南京南线要冲——中华门正前方的雨花台高地发起猛攻。这片沟壑纵横的台地被构筑成连环堡垒——密布的铁丝网、反坦克壕与混凝土碉堡群，使得第6师团进展缓慢且伤亡惨重。中国守军深知雨花台战略价值，在此部署了第527、528团，并配备两个炮兵连提供战术支援。而雨

★ 中华门城堡内部马克沁重机枪阵地

花台后方的中华门城垣上，第88师配置的多为未经训练的新兵。

10日的进攻中，日军在布满铁丝网障碍与机枪巢的丘陵地带举步维艰。中国守军往往战至最后一人，日军发现许多碉堡出口竟被铁链从外部锁死，以断绝守军退路。急速突进的日军还常遭残存守军侧后袭击。

浴血中华门

11日，久攻光华门不克的日军转袭中华门。日机轰炸将城外守军逼入城门，300余名日军趁机突入缺口，却被第88师集结全部预备队逐出。激战至深夜，第88师残部被迫退至城墙根，幸存者多已力竭。日军曾派"决死队"携带炸药实施爆破，却因晨雾迷路未能抵达墙根。

12日晨，日军以野炮、坦克集中火力轰击中华门。城外守军试图撤回城内，却几乎全员倒在了撤退途中。正午时分雨花台陷落，驻守的第88师官兵几乎全部阵亡——4名团长战殁3人，两位旅长双双殉国。但日军也付出惨重代价，据其战报记载，伤亡达2240人，其中战死566人。

12日正午，6名日军士兵乘小舟渡过护城河，试图用竹梯攀爬中华门城墙，但在接近墙垣前便被机枪火力悉数击毙。

在光华门战场，日军为解救被困部队两次发动接应攻势，最终与城内残部会合。双方随即展开持续整日的炮战，其间一发流弹切断了中国守军第87师的电话线路，致其与后方指挥部失联。

12日下午3点以后驻守中山门卫岗一带的87师一部与上级失联，入夜后在发现教导总队等友军已经从太平门撤出后，该部于13日凌晨2点从阵地撤离，出太平门向下关码头撤退。其中有几十位无法行动的伤员被迫留在明孝陵临时救治点。

察觉中国守军抵抗力量减弱的日军于凌晨4时许攀上光华门城头，发现阵地已近乎空无一人。他们屠杀了残留的少数伤兵，占据了城头。

在中华门附近，两个日军联队被城门上方的中国

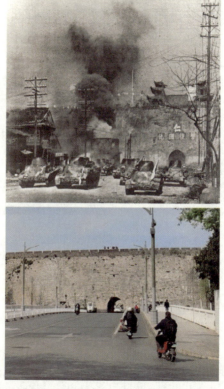

★ 1937年12月，中日双方在中华门展开激烈的攻防。城墙上"誓复国仇"四个大字格外醒目，激励着中国守军的斗志。如今城墙上残留的斑驳弹孔是历史的有力见证

★ 中华西门今昔

守军机枪与迫击炮火力压制。为掩护行动，日军在城门前纵火制造烟幕。至下午5时，越来越多的日军士兵开始通过临时搭建的浮桥强渡护城河——这些桥梁如此脆弱，工兵们不得不以身体为支柱将其固定。日军使用76mm野战炮和75mm山炮只能在墙体上留下白点，根本无法撼动这座明初建成的城门。随后日军动用4门91式105mm榴弹炮和4门大正四年式150mm榴弹炮对中华门猛烈攻击，日军猛烈的攻势足足持续了一个多小时。其中野战炮兵第6联队第12中队的4门105mm榴弹炮携带的四五百枚榴弹，打得只剩下52枚，才炸毁了城头镝楼和中华西门。直到13日凌晨，日军才攻占守军撤退后的中华门。与此同时，在中华门西侧，日军第10军的另一支部队已突破水西门南面湿地防线，在坦克部队配合下向该城门发起猛攻。

惨烈结局

《陆军第八十八师京沪抗战纪要》记载："雨花台方面因系敌主攻所在，虽经全部我官兵奋勇苦斗，奈内无粮弹，外无援兵，且敌挟战车、飞机、大炮及精锐陆军不断施行猛攻……上午，团长韩宪元，营长黄琪、周鸿、符仪延先后殉难；下午旅长朱赤、高致嵩，团长华品章，营长苏天俊、王宏烈、李强华亦以弹尽粮绝，或自戕或阵亡，悲壮惨烈，天日亦为之变色。全师官兵六千余员皆英勇壮烈殉国。"

在南京城内，日军已对陷入重围的中国守军形成压倒性优势。12日，第16师团攻占紫金山第二峰，随即居高临下向中山门倾泻炮火，致使大段城墙轰然崩塌。至日暮时分，紫金山上失控的熊熊烈火，连南面已被日军第6、第114师团完全占领的中华门都清晰可见——这场最后的攻防战持续到12月12日至13日的深夜。

12日下午5时，南京卫戍司令部召集师以上将领开会，唐生智出示了蒋介石的撤退电令后，分发油印好的撤退命令和突围计划。要求大部由正面突围，一部随司令部由下关渡江。书面命令下发后，唐生智又下达指示，规定第87师、第88师、第74军及教导总队"如不能全部突围，有轮渡时可过江，向滁州集结"。实际上，守军除广东部队66军及83军大部按命令突围外，其他大部没有遵照执行，甚至命令都没有传达到一线部队，造成后续守军大部向下关撤退。12日晚10点，唐才从下关渡江到浦口。此时日军国崎支队已经包抄到浦口花旗营开始伏击中国军队，唐生智一行狼狈转道滁州，向扬州的顾祝同部靠拢。

然而，当唐生智部署守军撤离时，南京卫戍部队已陷入全面溃退。更严重的是，许多部队（如第87师）因通信中断未收到命令，仍按原定计划死守阵地。即便是收到命令的部队，突围也困难重重。例如，第88师师长孙元良回忆称1938年3月率600人抵武汉。第87师生还者仅300人。

撤退过程中最惨烈的场景发生在城西北郊与下关码头。挹江门附近，从城南溃退的军民在日军追击下仓皇北逃，却在城门处形成致命拥堵——仅有半扇城门开放，加上人群密度过大、毫无秩序，导致数百人在相互践踏中丧生，其中包括教导总队上校谢承瑞。更添混乱的是，驻守城门的第36师督战队因未接到撤退令，误将溃兵当作逃兵处置。沟通失误导致守军向人群开火，死伤枕藉。

抵达下关的溃兵面临"难以想象的混乱"：由于唐生智早前征调船只，码头仅存的渡船在日军炮火中燃烧殆尽。为争夺有限的逃生工具，人群爆发激烈争斗，部分超载船只尚未驶过2千米宽的江面便已倾覆。临时捆扎的木筏大多在急流中解体。无数无法登船的士兵抱着原木、家具残骸跳入冰冷刺骨的江水中，很快就被激流吞噬或冻僵溺亡。至12月13日下午，完成合围的日军开始从两岸向渡江军民射击，绝望的幸存者只得折返城内。

等待他们的，将是一场浩劫。

拉贝故居

　　我和罗威离开中华门城堡之后，打了个车，来到南京大学鼓楼校区附近小粉桥1号的拉贝故居。说来惭愧，我在南大读书时，都没有参观过这栋具有历史意义的二层小楼。罗威虽然学识渊博，但对约翰·拉贝其人其事也不甚了了。我就简单地概括

★ 约翰·拉贝肖像

了一句："他相当于南京的奥斯卡·辛德勒。"

　　我们刚进门一会儿，一群德国学生团队也来参观。我和这些少年交流了下，发现他们对这位老乡是一无所知，不过，通过这次访问，他们一定会为这位老乡感到骄傲的。

　　拉贝故居的地段极好，位于南京市中心，旁边就是弥漫书香的校园，隔着马路就是珠江路商业街。即便这栋楼和这个小院没有历史意义，也算是豪宅了。

★ 南京拉贝故居与拉贝雕像

当然，由于拉贝的英雄业绩，这里的价值更是无法估量了。

约翰·拉贝当时是西门子公司驻华总代表，是个商人，但他的另一个身份是德国纳粹党南京分部副部长。我曾经疑惑过，德语中"约翰"应当拼作Johannes或Johann，为什么他偏偏取了一个类似英语的名字John。后来请教了德国朋友，才知道，北德方言中常用John的拼法，读作"约恩"。拉贝出生于汉堡，所以有这个典型北德风格的名字。

南京的"辛德勒"

南京保卫战打响之前，拉贝并没有像大多数外国人一样撤离，而是选择留在南京。也许是出于对中国人的同情，也许是因为责任感让他不愿意抛下自己的中国员工及其亲属。他在自家院子里挖了防空洞，准备了急救用品、口粮和热水瓶，然后在防空洞旁铺了一张巨大的黑白红三色的纳粹德国国旗，以提醒日军飞机不要攻击。纳粹的卐字符号，在不久之后的全欧洲就成为恐怖和野蛮的象征，在1937年的南京却是安全的象征。

日军占领南京之后，发动了对战俘和平民的大屠杀。有30万同胞遇难。这是二战历史上最恶劣的战争罪行之一。

在南京大屠杀期间，一些国际友人向中国人民伸出了援手。约翰·拉贝领头，和其他一些西方国家的侨民（如美国女教师魏特琳和美国传教士马吉）一道，在南京组织了3.88平方千米的"国际安全区"，为大约25万中国难民提供了暂时避难的场所，并担任安全区国际委员会主席（拉贝被选为主席，因为他

★ 南京安全区国际委员会部分成员，站在中间的是约翰·拉贝。摄于 1937 年 12 月 13 日

是德国人和纳粹党员，而德国是日本的盟友，他希望能够凭此对日本军队施加影响，但收效甚微）。

在拉贝自家的花园，就是我和罗威正在参观的地方，拉贝曾经庇护了 600 名左右的难民。故居内的展览是这么介绍的。难以想象这个小院子能够容纳这么多人。但真实历史往往就是难以想象的。

1938 年 2 月，拉贝被西门子公司紧急召回德国。他在 4 月抵达柏林后，立即展开一系列公开行动：举行演讲，举办展览，放映马吉拍摄的南京大屠杀纪录片，并致信希特勒提交详细报告，试图通过德国政府向日本施压。然而，由于德日同盟关系，德国当局严禁其公开在南京的见闻，这份重要报告遂被尘封（战后研究显示，拉贝因此一度遭盖世太保拘禁）。

回报义举

1938年8月，中国政府为表彰在南京血雨腥风时庇护中国难民的国际友人义举，特别授予22位国际友人采玉勋章。其中拉贝获得的是所有人当中最高等的四等红色白蓝镶领绶采玉勋章。

二战结束后，拉贝因其纳粹党员身份先后被苏联和英国羁押。1946年6月，在面见朱可夫元帅并证实其清白后，同盟国军事法庭最终宣布其无罪释放。此时，拉贝不仅个人失业，还面临着战后柏林物资极度匮乏的窘境，全家9口人饥寒交迫。

1948年，拉贝一家深处窘境的消息传到南京，市参议会10名参议员即递交提案：建议成立救助德侨拉贝的劝募委员会。提案很快获得批准，向全市范围劝募。不几日，南京市民即募得1亿元，按市价换成2000美元辗转汇到德国。因为战后的德国物资极度匮乏，有钱也买不到食物，3月份时任南京市长的沈怡得知情况后，火速安排用这笔钱在瑞士购买了牛奶、蜂蜜、香肠、面包等4大包食物寄给拉贝一家，同时向其发出邀请：欢迎他全家来南京定居。拉贝收到食物和信后谢绝了邀其定居的好意，继续留在德国。6月18日，沈怡收到了拉贝感谢南京人民的复信，沈怡决定从6月份起按月给拉贝一家邮寄食物，帮着他一家渡过难关。这份跨越欧亚的感恩之情，见证着人性光辉在战争阴霾中的永恒闪耀。

第四章

没有抽水马桶的地下战时
内阁办公室

★

伦敦，1940

波兰是二战欧洲战区的第一个牺牲品。英法虽然是波兰的盟友，口口声声说要保障波兰的自由与安全，但从1939年9月德国入侵波兰到次年5月德国入侵西欧之间，在法德边境，双方虽然已经互相宣战，但基本上都按兵不动，这也是世界战争史上的一个奇观了。

法国人将国家安全寄托于宏伟的马其诺防线——这条耗资数十亿法郎的钢筋混凝土工事，从阿尔卑斯山脉一直延伸到阿登森林，配备着当时最先进的防御工事。然而，这道看似坚不可摧的防线却成了军事思维僵化的象征。法国统帅部沉醉于第一次世界大战中的防御战经验，完全未能预见现代战争的革命性变化。

法国军事专家们坚信阿登地区密林丛生、地形复杂，德军主力绝无可能从此突破。这个致命的误判给了德国名将曼施泰因施展才华的舞台。他精心策划的"镰刀收割"计划，以进攻比利时和荷兰为佯攻，成功诱使盟军主力北上布防；与此同时，德军精锐装甲部队却出其不意地穿越防御薄弱的阿登山区，直插盟军腹地，意图切断盟军后勤补给线并完成战略合围。古德里安的装甲集群仅用三天就完成突破，彻底绕过了马其诺防线，将英法联军拦腰切断。

从表面数据看，法军实力不容小觑：总兵力330万，略逊于德军的335万；火炮13 000门，远超德军的7000门；坦克4000辆，几乎是德军的两倍；包括"夏尔B1"等重型坦克，其装甲厚度和火力均优于德军主力坦克。

然而，这些优势在实战中完全未能发挥。法军仍拘泥于一战时期的战术思维，将坦克分散配置给步兵部队作为支援武器。而德军则开创性地组建装甲集群，将坦克作为独立突击力量集中使用。这种战术革新彻底改变了战争形态。

德军在指挥通信系统方面占据显著优势：每辆坦克均配备无线电设备，实现了部队间的实时协同作战；而法军仍主要依赖电话线路甚至传令兵传递指令，指挥效率明显滞后。在机动性能上，德国坦克平均时速可达40千米，具备快速机动作战能力；相比之下，法国重型坦克时速仅20千米，难以对战场变

★伦敦议会广场上的丘吉尔雕像

化做出及时反应。

制空权方面，德国空军展现出压倒性优势，日均出动高达3000架次，完全掌控了战场上空；法国空军则日均仅能维持500架次的作战规模。战术协同能力的差距尤为明显：德军开创性地运用"闪电战"模式，实现了陆军与空军的无缝配合；反观法军，各兵种间协同作战生疏迟钝，难以应对德军的高速推进。

德军装甲部队如入无人之境，短短6周内就完成了对法国的战略包围。1940年5月10日至6月22日，这个曾经拥有欧洲最强陆军的国家土崩瓦解。40万英法联军被围困在敦刻尔克，若非希特勒匪夷所思的"停止前进"命令，很可能全军覆没。

就在这个至暗时刻，温斯顿·丘吉尔临危受命出任英国首相。正如他在回忆录中所述："我的一生都在为这一刻做准备。"

至暗时刻的丘吉尔

伦敦是一个具有高度历史感的城市。只要你细心去观察，在今天的伦敦市中心，纪念二战和缅怀丘吉尔的雕塑随处可见。最有名的当数议会广场上、威斯敏斯特宫和大本钟附近的那座丘吉尔雕像，与曼德拉和甘地的像属于一组。英国人能把这三位摆在一起，还是有点厉害的。泰晤士河畔还矗立着"不列颠空战纪念碑"，碑上饰有紧急出动、奔向飞机的飞行员以及地勤人员形象的青铜浮雕，还有丘吉尔那句感谢皇家空军的妙语："从未有如此庞大的恩泽，由如此微末的群体所赐。"（Never was so much owed by so many to so few.）

我去过伦敦许多次，因为自己素来对二战史感兴趣，所以通常都会留心这些雕塑和纪念碑。不过，后知后觉，我很晚才知道，丘吉尔战时内阁办公室原来就在我走过不知多少次的地方。主要因为它在地下，

★ 照片右下角不起眼的小门就是英国战时内阁博物馆的入口

所以需要刻意寻找才能注意到。在二战期间，尤其是1940年春夏最艰难的岁月里，丘吉尔就在这里坐镇指挥。今天，这里被开辟为博物馆，除了能参观当年的办公室、会议室等设施，还设有一个关于丘吉尔生平的展览。

战时内阁办公室位于今天英国财政部大楼的地下，始建于1938年，正值战云密布的时期，以抵御空袭；1939年8月27日，也就是战争爆发前几天，该办公室正式落成；1945年8月日本投降前夕，它才停止使用。直到1984年，这里作为博物馆向公众开放。

据说此地的设施尽量保持原样。最重要的房间有两个：一是地图室，当年由若干名陆海军军官全天候值班，随时更新战情，向国王、首相和三军参谋长汇报。另一个是内阁会议室，即丘吉尔与内阁大臣和三军参谋长会晤的地方。相传，丘吉尔成为首相后，第一次来到这个会议室时便宣布："这就是我指挥作战的地方！"二战期间，这间会议室一共召开了115次会议，有时会一直开到凌晨，最后一次会议是在1945年3月28日。还有一个非常重要的房间是跨大西洋电话室，也就是维持与美国通信联络的要害之地。

我的直观感受是，作为大英帝国的神经中枢，战时内阁办公室却惊人地狭小和简陋，办公区域的人均面积恐怕小于今天大部分白领的工位。难以想象当年有那么多的参谋军官、文官、秘书、打字员、速记员等挤在这里，加之灯光昏暗、空气浑浊、电话铃声响个不停，大家不分昼夜地承受着极大压力在工作，这样的生活我觉得难以承受。员工的宿舍条件更是捉襟

★ 战时内阁会议室

见肘，通风机昼夜不停地轰鸣，天花板很低，人们甚至站不直身子，也没有抽水马桶。难怪丘吉尔手下一位幕僚人员表示更希望上前线。

电影《至暗时刻》里有一个情节，新锐小花莉莉·詹姆斯扮演的女秘书有急事找丘吉尔，后者正在卫生间里。女秘书敲打卫生间的门，门外狭窄的走廊上，穿军服或便装的男男女女个个行色匆匆，忙得不可开交。女秘书说："掌玺大臣（Lord Privy Seal）找您！"大家可以想象一下，你在卫生间里正享受私密空间之时，突然有人急匆匆地拍门，你会是什么感受。而丘吉尔的回答令人捧腹："告诉掌玺大臣，我被封印在卫生间里了！"（I'm sealed on The Privy.）这里的一语双关令人拍案叫绝，但也足以体现当时丘吉尔周围办公和生活条件的紧张和简陋。

失去斗志的法国

丘吉尔就任首相不久之后，法国总理保罗·雷诺打电话给他，说："我们被打败了。我们遭到了打击，我们已经输了这场战争。"既然国家总理都已然绝望，那么法国在心理上就已经失去了战斗的意志。丘吉尔心急如焚，第二天赶紧飞往巴黎。他亲眼看到法国政府高层的官员在烧毁文件，准备逃跑。指挥部里弥漫着沮丧的情绪。丘吉尔问法军的甘末林元帅："战略预备队在哪里？"甘末林回答："没有战略预备队。"丘吉尔后来在回忆录里写道，听到甘末林如此回答，那是他一生中最感到震惊的时刻。

当然不是说法国领导人个个都是灰心丧气的软

蛋。法军第4装甲师的师长，一位名叫夏尔·戴高乐的将军，就在5月17日和19日顶着德国空军的狂轰滥炸，拼命发动反击。尽管他取得了不错的战果，但大势已去。

如果戴高乐继续待在法国前线，说不定就会战死或者被俘。但雷诺总理看到戴高乐的出色表现，任命他为国防部副部长，派他去英国执行使命，协调英法两国的联合作战。这项使命救了戴高乐一命，也改变了历史走向。我们知道，他后来成为领导法国重获自由的伟人，还担任过法国总统。

6月10日，意大利法西斯领袖墨索里尼也向法国宣战。四天后，巴黎向德军投降。

法国可以说是崩溃在即。这个时候，英国人提出了一个惊

★ 戴高乐将军，摄于1942年

人的建议：不如英法两国形成一个统一国家，由英国人整合两国资源，继续领导抗德战争，可好？

戴高乐觉得这是个好主意，但雷诺等人不肯承担这个责任，不愿意"卖国"给英国人。机会稍纵即逝。

6月16日，走投无路的雷诺辞去法国总理职位，由法国元帅菲利普·贝当接替。贝当元帅是第一次世界大战时期的战争英雄，德高望重。现在由他来"挽救"法国了。

当然，贝当也不可能有什么办法。他认为，继续打下去，法国就全完了；要救国，就只能暂时与德国妥协。6月25日，法德两国签署了停战协定。法国实际上是投降了。

敦刻尔克大撤退

法国防线迅速崩溃，而在法国和比利时边境，约40万英法联军陷入德军包围，其中包含大量英国远征军精锐。为保存这支重要军事力量，英国政府紧急启动代号为"发电机行动"的大规模撤退计划，史称

"敦刻尔克大撤退"。

敦刻尔克这座法国北部的港口城市，此时已成为英法联军的最后希望。这座城市与英国隔海相望，是最理想的撤退地点。英国海军中将伯特伦·拉姆齐临危受命，担任撤退行动总指挥。面对德军的步步紧逼，他必须在最短时间内组织起人类战争史上最惊心动魄的海上救援行动。

起初，仅靠海军舰艇的救援效率远不能满足需求。拉姆齐果断向全国发出动员令，号召民用船只参与救援。英国民众积极响应，近千艘各类船只——从豪华游艇到小型渔船——冒着炮火横渡英吉利海峡。在英国皇家空军的拼死掩护下，这支"蚊虫舰队"创造了战争奇迹。

撤退过程充满艰险：德军战机不断俯冲扫射，海岸线炮火连天；士兵们在沙滩上构筑起环形防线，在齐腰深的海水中等待数日；许多船只被击沉，但后来的救援船仍源源不断地赶来。原计划仅能安排4万人撤离的行动，最终成功营救了33.8万联军官兵。

尽管联军损失了包括2400门火炮、700辆坦克在内的重型装备，但保存了最宝贵的作战力量。这些经战火淬炼的官兵后来成为盟军反攻的中坚力量。丘吉尔在议会演讲中将其誉为"奇迹般的拯救"，而这次撤退所展现的军民团结精神，更成为英国抗战的重要精神支柱。

绝不妥协

在敦刻尔克撤退后，英国陷入前所未有的危机。面对纳粹德国的军事威胁，温斯顿·丘吉尔领导的英国政府坚决拒绝任何形式的妥协。由于德国缺乏制海权，希特勒无法直接跨海入侵，转而发动大规模空袭，企图通过狂轰滥炸迫使英国屈服。由此，英国人民迎来了战争中最黑暗的阶段——不列颠空战。

德国空军对英国发动了史无前例的大轰炸。最初，德军主要攻击军事设施，如机场、雷达站和港口，企图摧毁英国皇家空军的防御能力。然而，随着战局发展，希特勒改变策略，开始对英国城市实施无差别轰炸，试图瓦解英国民众的抵抗意志。

1940 年秋冬季，伦敦遭受了最猛烈的空袭。在连续 57 个夜晚的轰炸中，超过 1.8 万吨炸弹倾泻而下，整片街区化为火海。伦敦东区——工人阶层的聚居地——遭受的破坏尤为惨烈，熊熊燃烧的废墟中，无数家庭流离失所。为了躲避空袭，成千上万的儿童被疏散至乡村，而留在城市的民众则挤进防空洞、地铁隧道，甚至地下室避难。尽管如此，空袭仍造成超过 2.3 万平民死亡，近百万栋房屋被毁。

就连象征英国王权的白金汉宫也未能幸免。在一次轰炸后，伊丽莎白王后（后来的伊丽莎白二世女王的母亲）坚定地表示："我们遭到轰炸，这让我很高兴。我能心中无愧地面对伦敦东区的民众了。"这句话成为英国王室与人民共患难的象征。

除了空袭，德国还发动了潜艇战，试图切断英国的海上生命线。德军潜艇在大西洋疯狂猎杀商船，导致英国的粮食、石油和军需物资供应陷入危机。由于物资极度匮乏，英国政府不得不实施严格的配给制度，民众只能依靠定量分配的食物、衣物和燃料维持生存。

希特勒打的算盘很明确：如果轰炸不能迫使英国屈服，那就用饥饿逼其投降。

面对严峻的局势，英国政府内部出现了分歧。部分官员认为，与希特勒议和或许是保全英国的唯一出路。然而，丘吉尔断然拒绝妥协，他坚信投降意味着奴役，唯有战斗才能赢得自由。

在议会和全国广播中，丘吉尔发表了数次震撼人心的演讲，激励英国人民坚持抵抗。其中最著名的一段话至今仍被世人铭记：

"我们将在海滩作战，我们将在敌人的登陆点作战，我们将在田野和街头作战，我们将在山区作战。我们绝不投降！"

他的坚定意志感染了整个国家，英国人民在废墟中挺直脊梁，以顽强的斗志迎击纳粹的疯狂进攻。这场不列颠空战粉碎了希特勒迅速征服英国的幻想，为日后盟军的反攻奠定了基础。

然而，仅凭顽强的意志，显然不足以抵御纳粹德国。丘吉尔认识到，英国在这场战争里要想有生存的机会，就必须赢得美国的支持。而英美在二战中的并肩作战，并不是顺理成章的事情。

两次世界大战之间的美国奉行孤立主义，觉得欧洲发生的事情与自己没有关系。丘吉尔苦口婆心地劝告对方，纳粹德国的极权主义是对所有人，包括美国人的严重威胁。他曾对美国人说："独裁统治，也就是对一个人的迷信崇拜，只是过眼云烟。在这样的社会里，人们不能说出自己的想法，孩子们会向警察告发自己的父母，商人或小店主会通过揭发竞争对手的私见而毁掉对方。这种社会状态与健康的外部世界接触后，并不会长久地持续下去。世界上最强大的力量都站在我们这边，我们必须将这些力量联合起来。我们必须武装起来。英国必须武装起来。美国必须武装起来。"

但是，很多美国人不仅不愿意武装起来，而且满脑子都装着失败主义和投降主义。比如当时的美国驻英国大使约瑟夫·P.肯尼迪（也就是后来的美国总统约翰·肯尼迪的父亲）就在1939年表示，英国如果敢和德国打仗，必败无疑，在1940年就会完蛋。肯尼迪大使很讨厌丘吉尔的"好战"和"拱火"，主张向德国妥协。1938 年全年，当纳粹对德国犹太人的迫害愈演愈烈时，肯尼迪一直试图安排与希特勒会面。1940 年 9 月，在德军开始轰炸英国城市前不久，肯尼迪在未经美国国务院批准的情况下，再次寻求与希特勒举行个人会晤，以"增进美国与德国之间的理解"。在德军空袭伦敦期间，大部分政府机构和外交使团都留在伦敦，而肯尼迪带着家人撤往乡村，这就严重损害了他在英国人眼中的形象。丘吉尔的儿子就曾说肯尼迪是个胆小鬼。有意思的是，在英国小说家罗伯特·哈里斯的架空历史小说《祖国》里，约瑟夫·P.肯尼迪成了美国总统，对纳粹绥靖。

丘吉尔对肯尼迪的失败主义言论是这样反驳的："如果肯尼迪先生最悲惨的言论是正确的（我一点儿也不认同），那么我愿意在战斗中献出生命，而不是因为害怕失败就向这些最邪恶的人投降。到那时，将由你们，由美国人来保护和维护英语国家人民的伟大遗产。"他还向美国人发出质疑："你们会等到英国的自由和独立屈服，整个国家的四分之三被摧毁后，才肯独自承担这项事业吗？"

盟友

2019年的一个夏日，我散步到伦敦西区的邦德街。熟悉伦敦的朋友都知道，这里是高档商业区，是奢侈品旗舰店（比如古驰、爱马仕、路易威登等）聚集之地。走到路易威登店门口，看到几名动物保护主义者在示威，他们举的标语牌和海报上画着被屠宰的动物的血淋淋的图像。

再走一会儿，就能看到路边长椅上有两尊青铜坐像，当然是罗斯福和丘吉尔，两人都是西装革履，罗斯福笑容可掬，丘吉尔戴着经典的蝴蝶领结，向对方侧过身来。完全显露一派其乐融融、亲密无间的战友情。这组铜像的标题为《盟友》，创作者是拥有英美双重国籍的劳伦斯·霍洛夫斯纳（Lawrence Holofcener）。

丘吉尔和美国的关系集中体现在他与罗斯福的关系上。丘吉尔很欣赏罗斯福，曾这么评价他："他受过公共事务的训练，通过一个著名的姓氏与……历史联系在一起……他参加了选举：他向群众发表演说……他寻求、获得并担任了最费力气和最重要的职务。"这话听起来，其实也是在说丘吉尔自己。

丘吉尔尤其敬佩罗斯福在患小儿麻痹症而残疾后，仍然不畏困难、坚持工作的勇气。1939—1945年，两人交换了1700封书信和电报，会见了11次。丘吉尔估算两人有120天的密切接触。下面我会追踪历史进程，来介绍两人的关系对二战的影响。

罗斯福总统在美国关注到了丘吉尔，也很赞同他的主张。在丘吉尔就任首相之前，罗斯福就频繁地与

★ 邦德街的《盟友》铜像

他秘密通信。他们的通信始于1939年9月，即二战爆发之初。在这些私人通信中，两人探讨了美国如何在战争中支持英国。但是，由于美国盛行的孤立主义气氛，罗斯福也没有办法公开支持英国。

当丘吉尔于1940年5月10日就任首相时，罗斯福的第二任期即将结束，他正考虑寻求史无前例的第三任期（他直到当年的民主党全国代表大会才公开表态）。基于美国在一战中的经验，罗斯福判断美国参与二战是不可避免的。这也是他决定打破传统、寻求第三任期的关键原因。罗斯福希望在最终卷入战争时仍能担任总统。但为了赢得第三任期，罗斯福向美国民众承诺会让他们远离战争。

丘吉尔坚信，最终的胜利取决于美国的经济和财政援助，"没有美国的经济和财政援助，我们不可能继续这场战争并取得成功"。因此，尽量争取罗斯福的支持，就成了丘吉尔最重要的外交和政治目标。所以，在部分美国人看来，丘吉尔就是个战争贩子，一心要把美国拖下水。肯尼迪大使就表示，美国顶多向英国提供经济援助，而不能提供军事援助。丘吉尔反驳肯尼迪说，这样的话美国将会成为历史舞台上的笑柄。

1940年7月至10月的不列颠空战期间，也就是英国孤军奋战、面临德军入侵威胁的时期，丘吉尔在一次讲话中说："如果我们失败了，那么整个世界，包括美国，包括我们所熟悉和关心的一切，都将陷入新的黑暗时代的深渊，而被滥用的科学将使这一深渊变得更加险恶，也许会更加旷日持久。"

这个讲话虽然是面向英国公众的，但他刻意提到美国，也是经过深思熟虑的。丘吉尔深知，只有美国参战，英国才真正有希望赢得战争，而不仅仅是生存下去。所以他要把这个信息传达给美国人。

美国虽然有能力向世界各国提供所需的武器，但因为美国中立法的规定，仍有很多严格的限制。比如只能以现款或贵金属采购，而不得以贷款方式采购，且运输手段也有相当多的规范。1940年7月9日至31日期间，根据与罗斯福达成的"现款现货"协议，规模庞大的美国军火船队终于抵达英国各个港口，运来了包括50万支步枪和弹药，以及300多门75mm野战炮。当时英国人非常担心希特勒会入侵英国本土，都在猜测入侵的具体日期，因此美国的这笔军火运输来得正是时候。

丘吉尔也不断地发表讲话或者写文章，敦促美国提供更多援助，并向美国公众解释，一旦德国成功入侵英国，美国的未来不容乐观。如果德军控制了英国舰队，或者某个亲德分子——比如奥斯瓦尔德·莫斯利——在德国扶植下成为英国领导人，那么他很可能将舰队交给希特勒，到那时美国海军将面对德国、意大利、英国和法国的联合舰队的夹击。

丘吉尔还挖苦了一些口惠而实不至的美国人，说他们的士气非常高昂，善于为他人的英勇行为喝彩！

为了争取美援，丘吉尔还做了一件有争议的事情，那就是英国从美国获得50艘老旧的驱逐舰，以换取美国在纽芬兰、百慕大、巴哈马群岛、几个西印度群岛和英属圭亚那的海军基地的99年租约。

尽管他知道这50艘美国驱逐舰有一些已经落伍，但鉴于英国护航舰艇严重不足的现实情况，这些驱逐舰接替了原本由其他性能更好的驱逐舰承担的巡逻任务，使其可以投入战斗。并且，美国的任何支持都具有巨大的宣传价值。

这笔交易与获得物资本身一样，都鼓舞了士气，也吸引美国参战。丘吉尔对内阁说："如果这个提议能通过，美国就会朝着站在我们这边参战的方向迈出一大步。向交战国出售驱逐舰（肯定）不属于中立行为。"

罗斯福在承诺美国公众不卷入外国战争的同时，在舆论允许的范围内，向英国、法国和中国提供了财政和军事援助。在1940年12月29日的"民主兵工厂"演讲中，罗斯福宣称："这不是关于战争的炉边谈话，而是关于国家安全的讨论。"他进一步强调支持英国战争努力的重要性，将其视为美国国家安全的保障。由于美国公众反对参战，罗斯福试图强调帮助英国阻止战火蔓延至美国本土的紧迫性。他主张英国的战争努力对美国有利，认为英国能阻止纳粹威胁跨越大西洋。在演讲中，他向全国人民宣称："如果英国倒下，轴心国将有能力调动庞大的军事和海军资源对抗我们这个半球……我们是民主的兵工厂。我们的国策是让战争远离这个国家。"

1941年3月11日，美国国会通过了《租借法案》，授权美国总统"售卖、转移、交换、租赁、借出或交付任何防卫物资，予美国总统认为与美国国防有至关重要之国家政府"。起初《租借法案》的援助对象仅限于英国，不久后也扩展到苏联、中国等38个国家，总值约501亿美元。这对打赢二战、战胜纳粹德国和法西斯日本的贡献是不言而喻的。

1941年8月13日，也就是珍珠港事变和美国参战之前，丘吉尔和罗斯福在大西洋北部纽芬兰阿金夏海湾的一艘军舰上会晤，签署了《大西洋宪章》。双方在任何实质性问题上都没有分歧，丘吉尔的所有目标都在会议上实现了，英美军队的参谋部之间也建立了友好关系。

《大西洋宪章》宣布了民族自治、领土完整、经济国际主义、社会安全、缩减军备以及国际合作等8个原则，并决心以此作为重建战后世界和平秩序的政策依据。它作为英美两国联合宣言，具有重要的历史意义，虽不具约束力，但标志着英美两国在政治上结成了同盟，也对后来反法西斯大同盟的建立以及联合国的成立产生了重要影响。

《大西洋宪章》于8月14日公布，这是全世界第一次知道罗斯福和丘吉尔已经会面，而且他们对消灭纳粹主义后希望建立的世界的基本原则完全一致。它为自由世界提供了一个强有力的号召，使人们能够感到他们有一些鼓舞人心的东西可以为之奋斗，而不仅仅是对抗邪恶的敌人。

消息传到抗战中的中国，国共两党都对《大西洋宪章》给予高度评价，认为这一宪章"有利于中国，有利于世界"，赞同宪章中提倡的"尊重各民族自由选择其所赖以生存的政府形式的权利"。

珍珠港事件后，美国陆军部以自己需要物资为由，说要立即中止向中东战场的英军运送《租借法案》规定的物资。丘吉尔深信，他必须尽快亲赴华盛顿，以确保罗斯福政府的战略重点仍然是"德国优先"，也就是说，尽管进攻美国的是日本而非德国，但德国在三个轴心国里仍是最强大、处于最核心地位的，所以必须优先击败德国。

不过，几位最关键的美国战略家，比如马歇尔将军和当时资历尚浅的德怀特·艾森豪威尔，都支持"德国优先"战略。再加上丘吉尔的敦促，双方在华盛顿举行的阿卡迪亚会议上把支持"德国优先"落实成白纸黑字。丘吉尔在向美国国会发表的声明中解释了这一战略背后的思想:很明显,日本的失败并不意味着德国的失败,但德国的失败无疑意味着日本的毁灭。

虽然不是没有分歧和摩擦,但总的来讲,罗斯福和丘吉尔彼此间有着深厚的情谊。除了对抗共同敌人的目标和拥有相似的民主价值观,他们还因对烟草和烈酒的共同爱好,以及对历史和战舰的相同兴趣而交情极深。

据说,有一次在白宫接待丘吉尔时,罗斯福顺道去了首相下榻的卧室与他交谈。丘吉尔刚洗完澡,赤身裸体地开了门,并说道:"您看,总统先生,我对您毫无隐瞒。"据说罗斯福对此一笑置之,后来还开玩笑地对助手说丘吉尔"全身都是粉红色和白色的"。在丘吉尔70岁生日时,罗斯福写信给他:"与您同处一个年代真是件乐事。"从罗斯福和丘吉尔开始,美国和英国紧密合作,共同建立了国际货币基金组织(IMF)、世界银行和北约(NATO)。

丘吉尔的偏见

丘吉尔有一个乐此不疲地拿起来讲的概念，叫作"英语民族"。这个概念虽然有的时候包括加拿大、澳大利亚、新西兰甚至南非，但大多时候还是指英国和美国。

丘吉尔专门写了一部《英语民族史》，从恺撒入侵不列颠一直写到布尔战争。这本书有中译本，值得一看。另外，丘吉尔的粉丝、英国保守派历史学家安德鲁·罗伯茨男爵为《英语民族史》写了续集，叫作《1900 年以来的英语民族史》，读者朋友如有兴趣也可以看看。这可算是粉丝作品了。

受到麦考莱等辉格派历史学家的影响，丘吉尔认为，英语民族有着特殊的地位和使命。说得直白点，就是英语民族雄踞于世界民族之林，代表着先进生产力和先进文化。从中世纪的《大宪章》，英国1689 年的《权利法案》，到美国的《独立宣言》，美国宪法以及议会制民主，这是一条线性的进步之路，英美始终处于人类文明发展的最前列。与其他民族相比，英美更自由、更民主、更文明。

"英美比其他民族更自由、更民主、更文明。"这种观念当然是槽点满满的。我并不赞同它，在此只是要强调一点，那就是丘吉尔是这么认为的。而且他的这个信念非常强烈，也影响了他的很多政治抉择。

因此，丘吉尔有这样的观念，既然英语民族具有特殊性，那么能力越大、责任越大，他们也有特殊的使命：一是要紧密团结、生死与共；二是要捍卫自由民主，当仁不让地担当世界的领导者。

比如，丘吉尔在一战期间就曾表示："英国和美国并肩作战的时间越长，斗争越激烈，他们共同付出的努力越大，这两个盎格鲁-撒克逊世界中英语家族的分支就会越紧密地团结在一起，他们的战友之情也会越真挚，而这场斗争将成为他们之间的纽带……我们可以期待，当战争结束后，英美之间的纽带将成为世界未来的支柱。"

抛开丘吉尔个人的主观观念，在二战中，英美的亲密合作发挥了关键作用，这确实是客观史实。

第五章

90 分钟，600 万人的命运

★

柏林，1942

我经常想，与世界史上的其他大征服者、大侵略者相比，希特勒有什么不同？比如，与同样残酷嗜血的帖木儿、同样企图称霸欧洲的拿破仑相比，希特勒有什么不一样？

★ 阿道夫·希特勒

我想，最大的区别，就是希特勒怀有种族主义的执念。其他的大征服者、大侵略者的军事扩张、草菅人命、烧杀抢掠，固然也是恶，却是一种"常规"的恶，出于贪欲和残忍的个性。这些东西虽然坏，却是人性的一部分，是常人能够理解的。常人也有这样的恶，只是程度不同。再比如屠杀战俘、荼毒平民这样的战争罪行，自古有之，并不新鲜，但这些罪行本身不是目的，而是手段（为了震慑、威吓敌人，为了报复敌人的暴行，另外杀俘往往是因为难以控制数量较多的俘虏或不愿为其提供口粮）或者发泄。而希特勒对犹太人的敌意却有着意识形态的基础，有着理论框架。他认为犹太人是附着于雅利安社会肌体上的寄生虫、害虫或者病灶，必须以外科手术式的手段铲除，就仿佛为了挽救人的生命而截肢。

希特勒发动的战争，部分有帖木儿式的"常规"理由，比如夺取土地、资源和劳动力，但同时也有他的意识形态理由。只有这样才能解释，他为什么把屠杀犹太人这件事情看得那么重，在战争吃紧、德国资源匮乏的时候，却仍然花费大量人力物力，把犹太人从欧洲各个角落运输到奥斯维辛等灭绝营杀掉。

美国作家赫尔曼·沃克的二战题材小说《战争与回忆》《战争风云》里，有一个虚构的角色德国将军冯·隆，他在战后提出一个想法：众所周知，犹太人（尤其是德国犹太人）是勤劳肯干、头脑聪明的民族，而且历次阿以战争也证明了犹太人完全可能成为优秀的军人，那么希特勒为什么要白白浪费欧洲的数百万犹太人的人力资源呢？善待他们，吸纳他们的力量，让他们为德国做贡献，或者甚至组建一支百万规模的犹太部队为德军效力，去对付最严重的威胁——苏联，岂不能扭转乾坤？

冯·隆不了解希特勒的思想世界。在希特勒那里，对犹太人进行种族灭绝甚至是比打败英美和苏联更重要的"历史使命"。希特勒不是要仅仅成为帖木儿式的传统征服者，他还要根据自己的种族主义意识形态来改造世界。

所以，希特勒的恶是比历史上大多数侵略者"更上一个层次"的"更高程度"的恶。

反犹主义这种邪恶的意识形态，也不是希特勒发明的。但把这种意识形态上升到国家主导意识形态、基本国策的高度，用整个现代化国家的官僚机构、管理手段和资源去执行这个意识形态，并动用现代化工厂的流水线方式来灭绝整个民族，这在世界史上是罕见的。

那么他是如何操作的呢？

★ 图为波兰犹太裔画家阿图尔·希克（Arthur Szyk）描绘的政治讽刺漫画。希特勒、戈林、戈培尔和希姆莱围坐在一张桌子旁，桌上有一份报告："已处决200万犹太人，希特勒万岁。"四人明显表露出不满情绪，这个数字远未达到他们的预期。该作品一定程度上引起了人们对纳粹德国计划消灭欧洲犹太人的关注

万湖别墅

我乘轻轨S1线到达万湖站，下车吃了个德国国菜——土耳其烤肉（Döner），再换乘114路公交，直达万湖别墅门口。

这一路真是山明水秀。这里正是柏林西南郊区、毗邻普鲁士荣耀之城波茨坦的富人区，林木葱葱，各种雅致的独栋宅院错落有致。大概可以算是柏林最美的区域了吧。饱览旖旎的景致，我脑子里萌生了幻想：如果能在这里生活，该多好！

从19世纪晚期的帝国时代，历经魏玛共和国和纳粹时期，一直到今天，万湖都是霍亨索伦宗室、银行家、企业家、艺术家等各界名流生活和享受的地方。我坐114路公交的途中看见了印象派大画家马克斯·利伯曼的别墅，听说西门子家族在这里也有宅邸，但我没有专门去寻访，因为今天主要的目标是参观万湖别墅。

远远看去，别墅的大铁门是关着的，我心里一紧：不会白跑一趟吧。好在走近了发现门是虚掩着的。推开大铁门，呈现在我面前的是一条笔直的步道，通向别墅主楼，两侧是园林。别墅建筑呈灰白色，三层，规模不小，外观素雅低调，但仔细观察的话，还是能看到不少有匠心的设计，比如柱顶的希腊神话主题雕塑，以及虽然饱经风霜但依旧威风凛凛的石狮。我对这座别墅的历史已经有所了解，所以不急着进屋，先在周边园林闲庭信步，砾石地面走起来咯吱作响。时值深秋，花卉不多，但树木和草坪仍然碧绿如新。阵阵凉风吹过，逐级而下，眼前豁然开朗，原来别墅背面就是万湖。

沿着路可以一直走到湖边的小码头，那里停泊着小舟。湖面如镜，波光粼粼，青山如黛，远方可见影影绰绰的白帆，偶尔能听到模糊不清的笑声。光看别墅的低调正面的话，绝对想不到它背后隐藏了这番湖光山色，简直由别墅主人独享。

这令人心旷神怡的美景，让人很难联系到几十年前此处弥漫的杀气。

万湖别墅原本的主人，靠兜售各种可疑灵丹妙药而赚得盆满钵满的大财主（骗子？）恩斯特·马利尔

★ 万湖别墅外景

在春风得意之际，聘请著名建筑师保罗·鲍姆加滕于1914—1915年兴建了这栋豪宅。1921年，马利尔将房产出售给另一位大企业家弗里德里希·米诺，故此别墅又称"米诺别墅"。1940年5月，米诺因欺诈罪被捕后，以195万帝国马克的市场价格将别墅及地块出售给保安处（SD）的一个白手套基金会。保安处是纳粹党卫队下属的特务机构。

1940年起，党卫队强迫犹太劳工（后改为东欧强制劳工）维护别墅庭院。该建筑被用作招待所，入住者包括党卫队高官和其他达官贵人。盖世太保首脑海因里希·米勒在战争末期曾下榻于此。

但万湖别墅之所以出名，还是因为 1942 年 1 月 20 日在这里举行的所谓"万湖会议"。

纳粹党于 1933 年 1 月 30 日上台后，立刻开始从法律层面歧视和迫害犹太人。打砸抢烧之类的暴力活动，以及禁止犹太人担任公职、抵制犹太人企业等手段，都是为了逼迫犹太人自行移民出国。1939 年战争爆发后，纳粹开始在波兰的战线后方大规模枪杀犹太人，甚至组织了所谓的"特别行动队"，跟随在野战军后面，专门搞屠杀。1941 年 6 月 22 日德军开始入侵苏联后，苏联境内的犹太人也遭了殃。最有名的案例是在乌克兰基辅附近的娘子谷（Babi Yar）深壑，一场持续两天的大屠杀中，约 33 000 名犹太人被枪杀。尸骸堆积如山，凶手不得不炸开峡谷两侧的岩壁，以掩埋这骇人听闻的屠杀证据。与此同时，纳粹将自己占领的其他国家，如法国、荷兰等国的犹太人遭送到位于东欧的集中营，集中处理。

对于如何消灭犹太人，纳粹领导人也有不同的想法。有的人主张强迫犹太人做苦役，并且给他们很差的生活条件，让他们在劳动过程中逐渐"损耗"掉。有的人认为枪杀太慢，处理大量尸体也很慢，而且会给行刑的德国人造成心理阴影。有的人建议使用毒气。

为了"最终解决"犹太人问题，纳粹大佬赫尔曼·戈林于1941年7月31日授权帝国保安总局的局长莱因哈德·海德里希，让他负责起草"最终解决"方案。

海德里希与万湖会议

海德里希出生于音乐世家，自己也是有才华的小提琴手，但年纪轻轻就加入了纳粹党，并且崭露头角，成为特务头子。臭名昭著的特务机构——盖世太保、党卫队保安处和刑事警察，都归帝国保安总局管。所以这个局长的权势非常大，也是一个让很多人噤若寒蝉的恐怖角色。

海德里希也是个技术官僚。对他来说，灭绝一个有上千万人口的民族，是一个技术管理问题，需要制定和优化流程来提高效率。犹太人分散在德国占领的十几个欧洲国家，如何把他们集中起来？有的国家，比如荷兰，完全被德国占领；而法国建立了一个叫作"维希法国"的傀儡政权，但它仍然有一定程度的自主权；匈牙利和罗马尼亚则是德国的盟国。要从各种不同类型的国家把犹太人弄出来，需要外交上的努力，需要当地军警、特务和民政部门的配合。把犹太人运往位于东欧的灭绝营，需要铁路系统的配合。而在战争期间，铁路还承担着为军队输送人员、装备和物资的任务，海德里希如何能与军队争夺铁路运力？数百万人口被消灭后，他们留下的住宅和财产应该如何处置分配？犹太人被运输到灭绝营之后，如何高效地杀死他们并处理尸体？这些工作由谁来执行，这些工作人员的薪资待遇、住房等问题如何解决？如何与德国军队和警察配合，以搜捕犹太人，并防止犹太人从灭绝营逃跑？如何将这一切工作加以合法化？

　　这些都是技术官僚需要解决的问题。海德里希作为负责"最终解决"犹太人的实权领导，就召集相关的部委负责人在柏林万湖别墅开了一个会。与会者包括帝国总理府、外交部、内政部、司法部、宣传部、经济部、东欧占领区事务部、纳粹党、党卫队、移民局等机构的代表，共15人。其中一半人员的年龄在40岁以下，只有2人超过50岁。可见第三帝国的干部队伍是多么年轻化。另外，10人有大学学历，其中8人是博士。有意思的是，与会者当中有一个叫马丁·路德的外交部官员，没错，他与16世纪的宗教改革家马丁·路德重名，那位宗教改革家发动了新教革命，对德国历史影响极为深远，而且也是个反犹主义者。

万湖会议上的这个马丁·路德，是靠给纳粹德国的外交部长里宾特洛甫打下手、安排房子装潢起家的，后来积极参与犹太人大屠杀。路德野心勃勃，忘恩负义，散播里宾特洛甫有精神病的谣言，企图取而代之，结果自己被投入了萨克森豪森集中营。那是后话。

万湖会议的会议室有一个级别较低的人物，名叫阿道夫·艾希曼，当时仅仅是个少校，负责做会

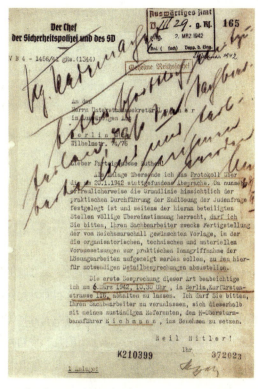

★1942年2月26日，海德里希致信马丁·路德，希望在实施"最终解决方案"方面提供行政协助

议记录。会上大部分时间都是海德里希在讲话。他告诉大家，从1933年到1941年1月，已经消灭了53万犹太人，而欧洲目前还有大约1100万犹太人，其中一半在德国的控制范围之外。随后，海德里希做了一系列部署和指示。会议全程只有90分钟，就决定了千百万人的命运。

紧张的会议结束后，大家觉得有必要犒劳一下自己，于是喝了白兰地，抽了雪茄。

恶的平庸性

万湖会议的记录员阿道夫·艾希曼，后来成了举世闻名的人物。后来艾希曼在对自己有利的时候就特别强调自己级别不高，仅仅是纳粹德国庞大的官僚机器里的一个小齿轮而已，但实际上，他是二战期间纳粹德国针对犹太人的大屠杀的主要责任人和组织者之一。

今天我们知道，大约有600万犹太人被纳粹杀害。这是人类历史上规模最大的恐怖暴行和反人类罪行之一。其中有很大一部分罪责要算到艾希曼头上。

★ 阿道夫·艾希曼

二战结束之后，艾希曼和其他很多老纳粹一样没有落入盟军的法网，而是潜逃到南美。因为当时的阿根廷政府对纳粹比较同情，很多老纳粹和战犯就跑到了阿根廷，在那里互相帮衬、互相掩护。一开始，艾希曼在阿根廷生活得还算比较安逸，直到1960年他被以色列特工绑架到以色列，并在耶路撒冷接受审判，于1962年被处以绞刑，骨灰被投入地中海，算是罪有应得。

以色列政府对艾希曼的绑架和审判，是一件震惊世界且影响深远的大事。当时有一位叫汉娜·阿伦特的学者旁听了庭审，根据自己的观察和研究，为美国《纽约客》杂志写了一些报道，后来又把这些报道结集成书，这才有了那部著名作品《艾希曼在耶路撒冷：一份关于平庸的恶的报告》。

阿伦特可不是普通的新闻记者。她原本是德国犹太人，师从德国的两位伟大哲学家海德格尔和雅斯贝尔斯，在海德堡大学获得了哲学博士学位。纳粹上台之后，为了躲避纳粹政府对犹太人的迫害，阿伦特流亡海外，后来定居美国，最终加入美国国籍。她是一位非常重要的哲学家和作家。

身为纳粹暴政的受害者，阿伦特在法庭上亲眼见到艾希曼这样的大屠杀凶手，可以想象她的心情肯定是沉重而复杂的。她对大屠杀问题和艾希曼其人的观察与剖析，肯定比一般的记者要深刻得多。

阿伦特在《艾希曼在耶路撒冷》中提出了一个重要概念，叫"平庸之恶"。不过这个短语的翻译有点问题，按照原文其实应当是"恶的平庸"或"恶的平庸性"。但不知为何中文世界里喜欢说"平庸的恶"。下面我们不管那么多，一概使用"恶的平庸性"的说法。

"恶的平庸性"是什么意思呢？在阿伦特看来，艾希曼不是一个狂热的反犹主义恶魔，也不是一个有精神问题的虐待狂和连环杀人狂，而只是一个平凡且庸碌的人，非常普通，和日常生活中的你我他没有多大区别。

那么，一个平庸的普通人怎么会犯下那么可怕的累累罪行呢？阿伦特指出，那是因为艾希曼自己没有思考，对上级交付的任务和命令并没有作是非善恶的判断，只是盲从于上级的发号施令。如果上级或者说权威是邪恶的呢？如果没有自己的独立思考，即便是最平凡的人，也会造成最极端的邪恶。

根据阿伦特的观点，艾希曼不认为自己是参与灭绝犹太人的蓄意策划者和组织者，他认为自己是"时代风暴中的一片叶子"，"只不过是阿道夫·希特勒的毁灭机器上的一颗小齿轮罢了"，他只是机械地接受上级的命令而已，他不是恶人，一切全都得怪希特勒、希姆莱这样的罪魁祸首。

阿伦特认为，正是像艾希曼这样在道德和政治上不思考、无判断的平常人，以平庸的方式实现了纳粹极权统治的根本之恶。

以上便是阿伦特的观点。"恶的平庸性"的概念不仅仅适用于纳粹大屠杀，也适用于世界历史上的很多事件，甚至我们日常生活中的很多现象。这个我们就不展开了，大家可以自己思考一下。

对阿伦特的批评

《艾希曼在耶路撒冷》这本书的影响非常大，但也受到了诸多方面的激烈批评。比如很多犹太人受害者无法接受阿伦特对艾希曼"只是一个普通人"的描述。大家不愿意相信，荼毒自己的大恶棍居然是个不起眼的小人物。人类的心理防御机制决定了，我们既不可能也不愿意把决定了我们命运的那号人物，想象成一个微不足道的货色或者低下猥琐的家伙。凡是经历过苦难、屈辱和死亡的人，都不希望发现自己是完全平庸之人的受害者。

很多年后，有一位名叫贝蒂娜·施汤内特的德国女学者，从历史学角度对阿伦特的观点做了批评。

在耶路撒冷受审的时候，艾希曼极力把自己描绘成一个"小齿轮"，一个无足轻重、只是服从上级命令、兢兢业业地执行上级任务的小官员。这样看来，他的确很"平庸"，和千百万德国人没什么两样。难道能把纳粹的罪行归咎到全体数千万德国人身上吗？或者说，如果全体德国人都有罪的话，就相当于大家都没有罪，那么艾希曼也没有罪。这就是艾希曼为自己洗白的策略。

施汤内特指出，这只是艾希曼的假面具而已，他是个擅长表演的人，而且在阿根廷潜伏期间已经积累了大量的论述和自我辩护的经验。换句话说，艾希曼早就排练了很多次，表演技术娴熟，在耶路撒冷展现的那一套楚楚可怜的小官员形象，都是精心表演出来的。艾希曼不仅不是平庸的小官员，反而是大奸大恶之徒。

用施汤内特的话说，阿伦特"比几乎其他任何人都更详尽地阅读了审讯和审判的记录，但这样反而使她落入陷阱中，因为在耶路撒冷的艾希曼顶多就是个面具人。阿伦特未能看清这一点"。所以，阿伦特关于艾希曼多么平庸的观点，是不成立的。

艾希曼连高中都没有毕业，而阿伦特是哲学博士，是20世纪最伟大的思想家之一。阿伦特怎么会上他的当呢？施汤内特认为："在艾希曼研究中所获得的最发人深省的见解之一就反映在阿伦特身上：一个人未必需要才智出众，便足以误导像阿伦特那样聪慧的人。"

那么，阿伦特既然错了，她那本名著《艾希曼在耶路撒冷》还有什么意义吗？

需要明确的是，阿伦特的错误出在历史学的层面上，她是在缺乏一手材料的情况下作了误判。我们不必把《艾希曼在耶路撒冷》当作一本历史书来读，但它仍然是一本绝好的哲学著作。这本书不再仅仅是谈艾希曼这个人本身，我们也不需要通过阿伦特的书来了解艾希曼，因为施汤内特的书显然更合适。但阿伦特提出的"恶的平庸性"概念，仍然非常有价值，我们可以借用它来理解和批判世界史上以及当下我们生活中的很多现象。

悲愤的约瑟夫·武尔夫

故事还没有结束。

1965年，德国历史学家约瑟夫·武尔夫向西德政府建议，把万湖别墅改建为博物馆，以纪念死难者。这不是好事吗？但政府并不从善如流。因为当时的西德还没有完成反思历史的过程，对这事不感兴趣。当时甚至还有很多老纳粹在西德政府做官，在经济界呼风唤雨。

武尔夫有着特殊的经历。作为犹太人，他在纳粹统治时期被投入奥斯维辛集中营，受尽折磨。他发誓，自己如果能活下去，就要把揭露纳粹罪行作为自己毕生的事业。他幸运地熬过了二战，后来果然著书立说，研究大屠杀。就是由于他的著作和他整理编辑的历史文献提到了当时仍然在世而且身居高位的老纳粹，所以武尔夫在西德受到了排挤。

作为犹太人，曾经在纳粹德国受到残酷迫害，如今在民主化的西德仍然受到压制，深感绝望的武尔夫于1974年10月10日跳楼自杀。他在给儿子的遗书中写道："我已经出版了18本关于第三帝国的书，却没有任何效果。我们可以记录德国人做过的一切。如今波恩有一个民主政府，但那些大屠杀凶手仍然逍遥法外，住在他们的小房子里，过着养花的悠闲生活。"

1992年，万湖别墅终于作为纪念大屠杀的博物馆，向公众开放。今天万湖别墅的二楼就设立了"约瑟夫·武尔夫图书馆与媒体库"，收藏着大量相关的图书和史料。不知道武尔夫的在天之灵有没有得到慰藉。

第六章

行动代号"类人猿"

★

布拉格，1942

喜欢汽车的朋友肯定知道斯柯达这个名字。它今天是大众集团旗下的子公司，不过原本是捷克的汽车品牌。捷克这样的小国，能够拥有这样一个驰名世界的汽车品牌，还是非常厉害的。

熟悉中欧历史的朋友都知道，捷克在历史上曾经是奥匈帝国的一个重要组成部分，在中世纪就有发达的兵器制造业，其近代的工业化历程也搞得有声有色，发展出了很有实力的机械制造、汽车、军工等行业。

ZB26式轻机枪，即我们在抗日题材影视剧里经常看到的那种很有辨识度的弹匣安装在枪管上方的轻机枪，就是捷克制造的，所以经常被称为捷克机枪。二战期间德军占领捷克后，发现捷克人自己设计制造的坦克也很好用，于是大量使用了捷克坦克，还把它们改装成坦克歼击车等其他战斗车辆。

★ 使用ZB26的八路军士兵，摄于1941年

绥靖主义的牺牲品

在二战之前，捷克和斯洛伐克联合在一起，是同一个国家。捷克斯洛伐克是个好地方，让德国人很眼馋。纳粹德国先是鼓动生活在捷克斯洛伐克的苏台德地区的德意志族人起来造反，然后大肆宣传，说这些少数民族遭到了布拉格政府的虐待，然后德国要为这些血浓于水的德族同胞撑腰。

英法这个时候还抱着绥靖主义的思想，不惜一切代价要避免战争。既然要避免战争，那就只能请捷克斯洛伐克委屈一下，割让苏台德地区给德国。于是就有了臭名昭著的《慕尼黑协定》，英法两个大国为了维持和平，慷他人之慨，牺牲了小国捷克斯洛伐克的利益。

占领了苏台德地区，还不能满足希特勒的胃口。没过多久，希特勒就出兵占领了捷克斯洛伐克全境。这段血淋淋的历史很清楚地告诉我们，面对法西斯，一味地退让、妥协、求饶是没用的，法西斯是得陇望蜀、欲壑难填的。

后来，希特勒还想对波兰故技重施，但英法因此对德宣战，二战就爆发了。

希特勒占领捷克斯洛伐克后，派了一个叫牛赖特的老外交官来当总督，管理这个国家。牛赖特的任务，一方面是执行希特勒最心爱的项目，迫害犹太人；另一方面也要把捷克的工业好好利用起来，让捷克的军工厂为德军生产各种武器装备。

牛赖特的能力一般，压制不住捷克人的反德情绪，导致军工厂发生了很多罢工和破坏事件，对德军的装备造成了负面影响。希特勒很生气，就把牛赖特撤掉，准备换一个狠人去坐镇布拉格。

这个狠人是谁呢？就是万湖会议的主持人——莱因哈德·海德里希。1941年9月，希特勒任命他为波西米亚与摩拉维亚代理总督，也就是德占捷克斯洛伐克领土的封疆大吏。

★ 莱因哈德·海德里希

密谋刺杀

2018年我到布拉格的时候，其实主要是想追寻哈布斯堡帝国的历史，以及探寻我喜欢的几个文学家的踪迹。比如卡夫卡、《好兵帅克》的作者哈谢克，还有《过于喧嚣的孤独》的作者赫拉巴尔。布拉格是一座美丽的城市，而且给我的直观感受与波兰明显不同，显得德味十足（捷克朋友们，请原谅我这么说）。

我本来没想着寻找海德里希的遗迹。但有一次坐出租车时看到路边有一座红色纪念碑，紧贴着斑马线，顶端有三尊人像，都是两臂伸直，两腿叉开。同行的朋友问："你看到了吗，你知道这是什么地方吗？"我说不知道。他说："就是海德

★"类人猿行动"纪念碑

里希遇刺的现场。"

这让我打了一个激灵，但出租车已经开过去了。我说："改天再来仔细看。"

海德里希是带着任务来到布拉格的。他的任务就是加强帝国的政策，采取反制措施来应对抵抗，并且促进汽车和军工生产，把捷克的工业体系完全发动起来，源源不断地为德军提供武器装备。他的手段是胡萝卜与大棒双管齐下，一方面建立集中营和火绝营，残酷无情地镇压抵抗分子；另一方面又采取了一些"进步"措施，改善捷克工人和农民的待遇和生活条件，让他们享有与德国工人和农民同等的工资。

这个时期正是纳粹德国如日中天的时候。希特勒已经掌控了欧洲大陆的绝大部分，德军正在苏联境内势如破竹，节节胜利，直逼莫斯科。在西方盟国看来，苏联随时可能投降或者灭亡。所以局势对盟国来说是非常灰暗的。

此外，流亡伦敦的捷克斯洛伐克政府也受到了很大压力。因为在海德里希的统治下，捷克斯洛伐克人民的抵抗意志似乎已经被消解了，不再有武装抵抗，就连之前还会有的偷偷摸摸的零星破坏活动也大幅减少。捷克斯洛伐克似乎已经被海德里希成功地平定了。海德里希自己也非常自信，经常乘坐敞篷车开来开去，完全不怕抵抗分子来找茬。据说希特勒还准备把他调到法国和比利时去，把他在捷克的成功经验运用到那些国家的管理上。

其他被德军占领的国家，比如波兰、南斯拉夫和希腊，从一开始就有激烈的抵抗运动和反德游击队在活动，给德军制造了不小的麻烦。相比之下，捷克斯洛伐克境内一片安宁，老老实实地与德国人合作，为德国人生产军火。这就让在伦敦的捷克流亡政府脸上有些挂不住。他们觉得必须得做点什么，来激励本国人民的抵抗意志，并向全世界证明捷克斯洛伐克人并不甘心做亡国奴。他们也害怕一旦战争失败，英国会和德国再次议和，让捷克斯洛伐克再次沦为牺牲的棋子。所以，流亡政府决心干一件轰轰烈烈的大事，消灭议和的可能性。几番考虑下来，他们决定干掉海德里希。

刺杀海德里希，是流亡政府的总统爱德华·贝奈斯亲自下的命令。负责执行的是捷克情报机构的领导人莫拉维克，他当时和英国的特种部队"特别行动执行处"（SOE）紧密合作。莫拉维克从流亡英国的大约2000名捷克斯洛伐克军人当中亲自挑选了20来人，送到苏格兰去接受SOE的高强度训练。

这次秘密行动的代号为"类人猿"（Anthropoid）。被精挑细选出来执行刺杀使命的两名士兵当中，有一人后来在训练中负伤，于是换了一个人。但这个新人没有足够的时间完成全部训练，这就给行动蒙上了一丝阴影。

奉命执行的两名士兵分别是斯洛伐克人约瑟夫·盖伯奇克（Josef Gabcik）和捷克人扬·库比什（Jan Kubis），算是两个兄弟民族携手合作。这两位都在捷克斯洛伐克亡国之后逃往波兰，在那里加入了流亡的捷克斯洛伐克军队，后来还参加过法国战役，再往后撤往英国，在那里接受了跳伞训练。

英国情报机构和特种部队专门为他们准备了一种炸弹。炸弹必须足够轻，便于携带和隐藏，同时又必须有足够的威力，能够炸毁一辆有装甲防护的梅赛德斯防弹轿车。最后准备好的炸弹，负责的英国特工觉得很容易投掷，但他是一个很厉害的板球运动员，所以认为投掷这么重的东西不在话下。而任务的实际执行者盖伯奇克和库比什并不觉得轻松。这是第二个不吉利的因素。

"类人猿行动"

过了两天，我专程来看"类人猿行动"纪念碑（Památník Operace Anthropoid）。这个地方真的就是大马路，不断有汽车开过，走近的时候必须小心。纪念碑旁树立着捷克国旗，附近有几座看上去像是仓库或写字楼的建筑，平平无奇。

我总感觉纪念碑顶端三个人摆出那个姿势有点怪怪的，看了旁边亭子里的文字解说才恍然大悟，原来这个造型是模仿达芬奇的《维特鲁威人》，也就是人体的完美比例。那么，这里面其实有一个巧妙的心思。因为 Anthropoid 可以理解为"类人的""人形的"，而这个纪念碑的雕塑体现的就是完美的人形。

纪念碑的柱体的截面是三角形的，据说是代表捷克国旗上的等边三角形。

　　站在这里，实在难以想象那些特工是如何拦截海德里希的。但二战的一个重要插曲真的就发生在这里。

★ "类人猿行动" 纪念碑顶端

　　1941年12月28日，盖伯奇克和库比什，以及另外7名负责其他任务的捷克斯洛伐克士兵，乘坐英国皇家空军的飞机来到捷克斯洛伐克上空，然后跳伞。因为飞机的导航出了问题，所以并没有在预定地点上空跳伞，大家降落之后距离预定的集合地点都还有一段距离，这就耽误了不少时间，增加了风险。这是第三个不吉利的因素。

好不容易走到布拉格，盖伯奇克和库比什联络了好几户人家和地下抵抗组织的成员。这些同志听说了他们的具体任务后都大吃一惊，请求他们与伦敦方面联系，取消此次行动，因为他们认为，刺杀海德里希对盟国的帮助不大，反而会激起德国人的疯狂报复，后果不堪设想。盖伯奇克和库比什通过无线电联络了伦敦的捷克流亡政府，贝奈斯总统亲自回复，说箭在弦上，不得不发。他后来在战后否认自己当时下了命令，但证据确凿。有历史学家认为，当时贝奈斯相信，刺杀海德里希是激励捷克斯洛伐克人民起来反抗的最后办法。于是盖伯奇克和库比什等人紧锣密鼓地开展准备工作。

1942年5月27日上午10点半，海德里希按照惯例，乘车从住处前往14千米之外的办公室，即布拉格城堡。司机是党卫军的一名士官，名叫克莱因。车上只有他们两人，既没有警车开道，也没有任何护卫

★ 布拉格城堡

和保镖，可见海德里希对当前形势是多么自信。

　　盖伯奇克、库比什以及另外几位同志（瓦尔奇克、欧帕尔卡等人）在基尔施迈尔大街附近的一个急转弯处埋伏。车到了那个急转弯处必须减速，这是他们精心挑选的伏击地点。

　　大家可以想象捷克人在等待海德里希出现的时候，是多么心急如焚，又是多么神经紧绷。终于，海德里希的绿色梅赛德斯敞篷车出现了。车减速转弯的时候，盖伯奇克从雨衣下抽出一支英国制造的斯登冲锋枪，在非常近的距离瞄准了海德里希，扣动扳机！

但是非常遗憾，斯登冲锋枪在这个关键时刻掉链子，居然卡壳了！熟悉武器的朋友们知道，斯登冲锋枪是英国为了应急而生产的一种廉价武器，质量不太行，可靠性很差。所以这个时候冲锋枪不好使，一点也不奇怪。

海德里希看到有人拿枪对准自己，立刻抽出自己的卢格手枪，但是他犯了一个错误，按理说他应当命令司机加速，赶紧逃走。但他可能是过于自信，反倒命令司机停车，然后亲自拿着手枪去对付盖伯奇克。

★ 海德里希遇刺时乘坐的梅赛德斯 - 奔驰轿车

但是，海德里希和司机都没有注意到路边还有一个人，那就是库比什。库比什立刻从自己的手提箱里掏出一枚特制的反坦克榴弹，向海德里希的汽车扔过去。我们前面讲过，这种榴弹虽然经过改装，但还是蛮重的，库比什对投掷榴弹掌握得不是很熟练，所以投得不准，没有把榴弹扔进敞篷车里，而是扔到了后轮上。但榴弹爆炸的威力已经足够强大了，碎弹片四处乱飞，海德里希被炸成重伤，很多碎弹片和汽车内饰的纤维就嵌入了他的体内。海德里希主要是身体左侧受损，脾脏和肺都受了伤，还有一根肋骨骨折。

由于距离很近，库比什的面部也被弹片划伤了。

不过，海德里希还能动，他和司机克莱因都拿着手枪跳下了已经被炸烂的汽车。克莱因扑向库比什，海德里希去对付端着冲锋枪在原地呆住的盖伯奇克。库比什跳上自行车就猛蹬起来，同时鸣枪驱赶附近的路人。克莱因想对库比什开枪，但是他也被炸弹的冲击波震伤，以至于手脚不灵活，手枪也卡壳了。

浑身是血的海德里希扑向盖伯奇克。盖伯奇克丢下冲锋枪，也想骑自行车逃走，但海德里希开了枪，盖伯奇克不得不躲到一根电报杆后面，用手枪还击。两人互相打了几枪后，海德里希终于支撑不住了，倒在地上。司机克莱因跑了回来，只见海德里希面色苍白、满脸痛苦，但他还是命令克莱因先去追捕盖伯奇克。

盖伯奇克逃进一家肉店，但是老板是纳粹支持者，而且有一个兄弟为盖世太保工作，所以拒绝保护盖伯奇克。肉店老板还跑到街上大声喊叫，吸引了克莱因的注意力。克莱因跑进肉店，正巧盖伯奇克从里往外跑，两人撞了个满怀。盖伯奇克眼疾手快，抢先开枪，把克莱因打成重伤，然后跳上一列电车，逃到了事先约定的安全地点。

这个时候，盖伯奇克和库比什都不知道海德里希受了重伤，他们以为自己的任务失败了，心情十分沉重。

海德里希之死

与此同时，在大街上，一名捷克妇女和一名下班的警察发现了躺在地上的海德里希，当即拦下一辆卡车，把他送往医院。海德里希起初坐在驾驶室里，但卡车的颠簸让他很痛苦，于是躺倒在卡车的平板上。在医院，几名德国医生为海德里希做了手术，取出粉碎的肋骨和弹片，摘除了受损的脾脏。

海德里希的上级，也就是党卫队全国领袖海因里希·希姆莱，在得到消息后立即派自己的御用医生飞往布拉格，去诊治海德里希。希特勒的御用医生莫雷尔建议使用刚发明不久的抗菌药——磺胺类药物。但希姆莱的医生认为海德里希的伤情已经稳定，正处于恢复阶段，不需要使用新药。

海德里希发烧到39摄氏度，疼痛难忍，医生就给他使用了大量吗啡。不过他的伤情似乎确实在好转，但是在6月3日突然进入休克状态，后来昏迷，再也没有恢复知觉，于6月4日凌晨死亡。尸检发现，海德里希的死因是败血症。有一种观点认为是汽车内饰的马鬃进入他的体内，造成全面感染。还有一种观点认为海德里希的真正死因是肉毒杆菌中毒，因为扎伤他的炸弹里含有毒素。不过这种说法缺乏证据，库比什也被弹片击中，但他并没有肉毒杆菌中毒的迹象。

血腥的报复

海德里希——第三帝国最重要的领导人之一，就这么痛苦挣扎着死在了医院里。希特勒暴跳如雷，调集了全国最优秀的侦探和特工来调查此案，并且对捷克人发起了血腥的报复。因为暂时还没有查清海德里希遇刺的真相，所以德国人以连坐的方式对捷克人进行普遍的报复，有13 000人受到牵连被逮捕，5000人被杀害。

希特勒给调查下了期限，命令必须在6月18日之前破案，否则就要发起更大规模的血洗。德国人希望用这种方式来威吓捷克人，迫使他们出卖刺客。确实有很多平民百姓害怕德国人的报复，不愿意保护和支持抵抗战士。库比什等人起初藏在布拉格的两户人家，随着事态的发展，他们躲到了布拉格的一座教堂。

最后，堡垒果然是从内部被攻破的。在同志当中有个名叫丘尔达的士兵，为了100万马克的赏金出卖了大家。他向盖世太保透露了抵抗运动成员的好几个藏身地点，包括一户名叫莫拉维克的人家。注意，这个莫拉维克与前面讲到的捷克情报机构的领导人莫拉维克没有关系。

6月17日早晨5点，盖世太保对莫拉维克家的公寓进行了突击搜查。莫拉维克太太被允许去上厕所，她就抓住这个机会，在厕所内服毒自杀。莫拉维克先生并不知道自己的太太和儿子阿塔与抵抗运动有联系。他和17岁的儿子阿塔被带到盖世太保的基地。阿塔是抵抗运动的成员，他遭受了毒刑拷打，但是拒绝出卖同志。盖世太保把他母亲的头割下来，放在鱼缸里展示给他看，并威胁说，如果不招供，就杀了他父亲。看到这样可怕的景象，阿塔精神崩溃，招供出了一些信息。但阿塔还是在1942年10月24日被纳粹处决，他想要挽救的父亲、他的未婚妻以及未婚妻的母亲和兄弟，都在同一天被杀害。

德国人知道了库比什等人藏身的地点，也就是那座教堂。武装党卫军派了750名精锐士兵前来攻打教堂，由一名党卫军中将指挥。其实里面的捷克抵抗战士只有几个人而已。德军带来了机枪、冲锋枪和手榴弹，教堂里的捷克人只有手枪。

德军把叛徒丘尔达带来，让他对教堂里面喊话劝降。里面人的答复是："我们是捷克人！我们绝不投降！绝不！"

德军开始猛攻，双方的枪战持续了两个小时。欧帕尔卡和另一名士兵战死。库比什被德军发现的时候已经身负重伤，失去知觉，不久之后死亡。盖伯奇克和另外三人躲进了地下室，德军开始用催泪弹逼迫他们出来，然后用消防车往地下室里灌水，最后盖伯奇克四人自杀。

这座教堂的主教以及多名神父，也被德军枪决。

库比什的女友也被逮捕，后来死在毛特豪森集中营。欧帕尔卡的姨妈也在集中营被杀害，他的父亲也被德国人杀害。

　　另外，德国人的情报有误，误以为布拉格附近的利迪策村是刺客的藏身地点，于是血洗了这个村庄。6月9日，全村人被逮捕。199名男子被枪决，随后195名妇女和儿童被押送到灭绝营处死。全村所有房屋被夷为平地，利迪策之村名被从纳粹的所有档案中抹去。后来，为了纪念被杀害的利迪策村儿童，6月1日被定为国际儿童节。

★因被怀疑窝藏刺客，利迪策村惨遭德军报复性摧毁

第七章

德军的脊梁在这里被打断

★

斯大林格勒，1942

网络上流传着这样一个梗：很多外国网友被问及"二战的转折点是什么"的时候，愣是抓耳挠腮，答不出来，或者就说诺曼底登陆、珍珠港事变等。这个梗的意思就是讥讽（欧美）民众对二战史的无知，他们的历史记忆被西方中心主义叙事主导，忽视了苏联的贡献。很多西方人完全不知道，斯大林格勒战役才是二战的转折点，苏联人民为胜利付出了沉重的代价。

欧美的很多民众的确对历史很无知。在每一个二战参战国，民众对二战的历史记忆都毫无疑问地受到本国政府出于当下政治目的的塑造和操控。这是毋庸置疑的。一切历史都是当代史。

当然了，转折点难道只有一个吗？二战史上有过很多重要节点，它们都可以算作转折点。但在今天，在西方严肃的历史学界，没有人会否认苏联对二战胜利的伟大贡献，没有人会否认斯大林格勒战役的重要意义。曾于冷战时期作为英国装甲兵军官在西德服役的历史学家安东尼·比弗多次表示："德国军队的脊梁骨是在东线被打断的。"

★英雄城市伏尔加格勒

　　我就是记着比弗的这句话，背包里揣着比弗的名著《斯大林格勒》，从莫斯科飞往伏尔加格勒。

希特勒的东进野心

　　希特勒在战争初期能够横扫西欧、南欧并远征北非的关键战略前提，在于他与东方强邻苏联所维系的脆弱和平。通过《苏德互不侵犯条约》缔结的暂时休战，使德国得以避免重蹈一战时期两线作战的覆辙。然而历史证明，这种基于现实利益的战略妥协注定难以持久——早在1925年，尚未掌权的希特勒就在《我的奋斗》中明确将斯拉夫民族（尤其是俄罗斯人）定义为"劣等种族"，宣称"优等民族"德意志必须通过"东进政策"夺取生存空间。再者，纳粹意识形态与苏联的共产主义也形成了不可调和的根本对立。

对斯大林而言，1939—1941年的战略缓冲期同样充满算计。苏联红军趁德国与西方交战之机，相继占领波兰东部、波罗的海三国及罗马尼亚部分领土，并在冬季战争中迫使芬兰割地。这些扩张行动将苏联西部边界向西推进了数百千米，暴露出其地缘战略野心。但克里姆林宫显然低估了纳粹意识形态的执念——对希特勒来说，与苏联的合作不过是权宜之计，当西欧战局初定后，他在1941年6月发动的"巴巴罗萨行动"便彻底撕毁了这份脆弱的和平协议。

"巴巴罗萨"一词意为"红胡子"，指的是德意志古代的皇帝弗里德里希一世。希特勒用他的名字当作行动代号，可以说是表达了他的"雄心壮志"。

在"巴巴罗萨行动"中，德军兵分三路攻打苏联。北方集团军群直奔列宁格勒（圣彼得堡，曾经的俄国首都），中央集团军群杀向明斯克和基辅（重要城市和交通枢纽），南方集团军群进军敖德萨（乌克兰南部的重要海港城市和军事基地）。

这里解释一下，一个集团军群分成好几个集团军，一个集团军分成好几个军，一个军分成好几个师。苏联方面相当于"集团军群"的单位叫作"方面军"。

此外，意大利、罗马尼亚、匈牙利、斯洛伐克和芬兰也跟随德国，参加了"巴巴罗萨行动"，不过当然是以德军为绝对主力。在进攻首日，轴心国投入的总兵力有380万人，约3700辆坦克，5000架飞机，2万门火炮。而苏联红军的一线部队有290万人，11 000辆坦克，9000架飞机。

此时的德军可以说是世界上战斗力最强的军队，而且已经打了一年多的仗，经验丰富，把"闪电战"的战术锻炼和磨合得非常娴熟，再加上德国是传统的军事强国，拥有一大批优秀的将领和军官。

相比之下，苏联的状况就不太妙。当时的德国处于最先进的现代工业化国家行列，而苏联的现代化程度比较低，工业水平相对落后。在军事方面，苏联红军的战术、技术和思想都比较落后（比如当时苏联的坦克部队还没有普及无线电设备，通信甚至靠喊和挥舞小旗子，非常吃亏），再加上不久前的"大清洗"害死了大批有经验的军官。名将图哈切夫斯基元帅被处决，大批将军和校官被逮捕、处决或开除。这就导致红军严重缺乏高级人才，有太多缺乏经验、水平不够的年轻军官。

尽管苏联领导人斯大林得到了一些情报，表明德军即将入侵，但出于种种原因，斯大林还是不相信，没有及时做好迎战准备。大多数红军单位在战争爆发时都保持着和平时期的状态，比如苏联空军的战机都紧密排列在跑道旁，就这样被德国轰炸机轻易地摧毁了。

苏联空军虽然拥有将近一万架战机，但大多都落伍了，先进的机型数量很少。苏联飞机很少配备无线电，并且飞行员的空战经验和技术都非常落后。

虽然红军拥有非常多的先进火炮，但也没有做好战争准备，很多火炮都没有配备弹药，炮兵还缺乏车辆，无法快速部署。红军的坦克数量庞大且装备良好，但坦克兵严重缺乏经验和后勤保障。坦克单位往往被草率地送上战场，而没有任何燃油、弹药或人员补给的安排。通常在经过一次作战之后，坦克就被毁坏或报废了。

所以，希特勒的那句名言"苏联就像个破房子，踹上一脚就会轰然倒塌"虽然狂妄，但不是全无道理。

势如破竹的德军

轴心国选在1941年6月22日早上4时45分展开攻势。德国空军声称在进攻的第一天就摧毁了1489架苏联战机，而德军只损失了35架。其实苏联空军在刚开始几天的损失比德军估计的还要惨，总共有3922架飞机在头三天被摧毁。

德军的攻击速度极快，使得红军的防御计划完全瘫痪，而严重缺乏无线电等通信设备也导致红军部队难以互相配合。

在北路，7月初，波罗的海三国（立陶宛、拉脱维亚和爱沙尼亚）除个别城市以外，全部落入德军手中。8月8日，北方集团军群开始向列宁格勒进发，于9月8日向列宁格勒发起总攻。9月17日，北方集团军群的主力装甲部队被调往中路战线，于是针对列宁格勒的攻势陷入停滞。从这时开始，列宁格勒被德军围困了872天，发生了许多惨绝人寰的悲剧。

在中路，德军更是一帆风顺。6月26日，德军攻占明斯克，将苏联第3、第4、第10集团军围困，一次战役就消灭红军13万人，俘虏将近30万人。在斯摩棱斯克战役中，德军又一口气吃掉了红军将近50万人。

在南路的基辅战役中，德军光是俘虏就抓了将近50万人。

苏联红军被打得措手不及，全线溃退，一口气败退了好几百千米，在三个月里损失了约500万人。如果是别的国家，在这么短的时间里损失如此惨重，很可能就崩溃了，但是苏联拥有庞大的人口，尚能承受这样的人力损失。

★ "巴巴罗萨行动"期间，大批苏联战俘被送往战俘营

9月底至10月初，势如破竹的德军又发起了"台风行动"，集中兵力于中路，目标是占领苏联首都莫斯科。

莫斯科的寒冬

德军节节推进，胜利就在眼前。但麻烦也越来越多。德军进展太快，补给线越拉越长，前线的物资补给也就越来越困难，而且补给线还经常遭到苏联游击队的骚扰和破坏。再者，德军虽然能够快速攻城略地，但自己的损失也不小。从6月22日到12月初，德军损失88万人，武器装备和车辆的损失也不少。而随着战线拉长，德军需要控制的地域越来越广，兵力密度就大幅下降。简单地说，德军虽强，但还没有强到足以一口吞掉广袤的苏联。

而且，德军在这时出乎意料地遇到了一个可怕的敌人。

这个敌人就是苏联的天气。绵绵秋雨让道路和原野变成烂泥地，德军的坦克和车辆难以通行，进展一下子就慢了下来。

没过多久，气温骤降，大地结冰，泥泞的问题倒是解决了，但德军原指望速战速决，并没有做好过冬的准备，也没想到苏联的冬天来得那么快、那么冷。到了12月1日，最低气温已经降到零下20摄氏度。大批德国士兵因为没有冬装而冻伤冻死，而且德国的车辆设计也不适合严寒气候，汽车和坦克在严寒里很难发动。而苏联人早就对冬季环境习以为常了，他们的武器装备都有很好的防寒措施。

虽然德军最终前进到距离莫斯科只有大约20千米的地方，用望远镜都可以看见莫斯科城内的一些建筑，但德军已经是强弩之末，"台风行动"在红军的凌厉反攻之下破产。希特勒期望的速战速决没有实现。在东方的过度野心让希特勒深陷泥潭，不能自拔。

抢夺石油

虽然德军在1941年冬季损失惨重并被迫在一些地段撤退，但德军毕竟训练有素、意志顽强，还是熬过了在苏联的第一个寒冬。到了1942年夏季，德军基本上恢复了元气，准备再次发动大规模攻势。

但和前一年不同的是，此时的德军已经没有足够实力在北、中、南三路同时全面进攻，只能在三个方向当中选择一个，另外两个方向不能实现大举进攻，要尽量节约兵力和资源。

那么，1942年的夏季，德军应当往哪里打呢？是像前一年的"台风行动"那样，从中路兵锋直指苏联的首都莫斯科吗？

希特勒认为，此时他最需要的是资源，尤其是石油资源，因为德国本土几乎不产石油，严重依赖进口，而德国的盟友罗马尼亚和匈牙利的石油储量很有限。在现代战争当中，没有石油就寸步难行。到了1941年，希特勒已经耗尽了德国的石油储备。从这个角度看，战争不可能打多久了。

那么，哪里有石油呢？那就是苏联南部的高加索地区。阿塞拜疆（当时是苏联的一部分）首府巴库拥有当时世界上最大的油田，占苏联总产油量的80%，仅在1942年就生产了2400万吨石油。因此，夺取苏联的油田，成为德军的当务之急。

1942 年，德军夏季攻势的代号为"蓝色行动"，由南方集团军群负责执行。战役初期，南方集团军群有 157 万人（包括德国的仆从国意大利和罗马尼亚的部队）、约 2000 架飞机和将近 2000 辆坦克或突击炮（突击炮形似坦克，但是没有可旋转的炮塔，火炮是固定在底盘上的）。

那么，面对南方集团军群的苏联红军有多少人呢？第一线有 175 万人，二线的预备队有 100 万人，有将近 4000 辆坦克和 1600 架飞机。

看样子，红军兵力大大超过德军，应当没问题吧？

但是，在"蓝色行动"开局阶段，德军仍然势如破竹，红军溃不成军。为什么呢？有多方面原因。

首先，斯大林误判了敌人的主攻方向。他以为敌人今年仍然会主攻中路的莫斯科，所以把大部分兵力都集中在莫斯科，对南路的重视不够。

其次，到此时为止，德军的战术素质总的来讲还是大幅超过红军的。

尤其重要的一点是，德军仍然掌握着制空权。从1941年苏德战争爆发以来，德军在空中一直拥有优势。1942年夏季也是如此。德国空军把苏联空军压制得抬不起头来。苏联的大量机场被摧毁，大批飞机还来不及起飞，就被炸毁在机库里和跑道上。根据一位苏联将军的观察，在26天里，红军损失了783架飞机，而德军仅仅损失了175架。而且德国空军的损失还有一部分是因为疲劳驾驶、事故、机械老化等。因为在空中没有对手，德国空军甚至不需要地面部队的配合，直接去攻击敌方部队和阵地。

"蓝色行动"于6月28日开始，表面上看进展很顺利。到7月23日，希特勒相信苏联的主力部队已经被歼灭，不会对德军构成重大威胁，于是决定把南方集团军群分割成A和B两个集团军群。A集团军群的任务是进攻高加索地区，夺取油田；B集团军群的任务是向伏尔加河前进，夺取斯大林格勒。

我们刚刚说德军的进展"表面上看"很顺利，因为实际上已经出现了一些隐忧。

和前一年不同的是，红军的战术素质虽仍然比不上德军，但经历了一年的磨砺，战斗力和意志都有了很大的提升。所以虽然德军高奏凯歌，却没有出现前一年那样的一次战役就能轻松俘虏五六十万敌人的现象。而且随着德军的推进，补给线越拉越长，物资补给越来越困难，A和B两个集团军群之间的空隙也越来越大，难以互相照应。

而且，大家看看地图就知道，苏联的疆域就像一个漏斗，西面窄，越往东越宽。这意味着，德军越是往东前进，南北战线就越长，德军的兵力密度就越来越低，越来越感到自己兵力不足。因此，德军不得不依赖那些战斗力很差的罗马尼亚和意大利部队。这些外国盟军就是德军的软肋。

斯大林格勒的象征意义

这里我们先把A集团军群进攻高加索的行动放到一边，主要谈谈B集团军群进攻斯大林格勒的行动。因为决定整个战局的关键就在斯大林格勒。

斯大林格勒今天的名字是伏尔加格勒，顾名思

★ 从马马耶夫高地俯瞰伏尔加格勒

义，位于伏尔加河之滨。它不算苏联的一线城市，
哪怕在今天，它的人口也只有100万（相比之下，莫
斯科有1250万人）。而且1942年那会儿斯大林格勒虽
然有一些工业基地，但在军事上并没有非打不可的
战略意义。它更多的是象征意义，毕竟它是以苏联
领导人斯大林的名字命名的。希特勒执迷不悟地相
信，如果能打下斯大林格勒，斯大林的威望就会一
落千丈，苏联人的士气也会跌入低谷，那么德国就
赢了。所以，希特勒不惜一切代价，非要占领这座城
市不可。

　　我乘坐的波音737客机开始下降。从舷窗往下看，眼前是一望无际的苍翠森林，还有一根灰蓝色的蜿蜒曲折的带子，那肯定就是俄罗斯的母亲河——伏尔加河了。我幻想着在1942年，一名飞行员驾驶战斗机在这上空飞翔时，看到的除了这壮美的自然景观外，肯定还有浓浓的黑色烟柱，那是斯大林格勒在燃烧。

　　伏尔加河西岸的这座城市换过好几个名字。起初叫察里津，始建于1555年，在19世纪成为重要的内河港口和商贸中心，后来这里又建起了许多工厂，得以发展壮大。1918 年开始的苏俄内战期间，白军多次攻打察里津，此地甚至被称为"红色凡尔登"，可见战斗之激烈。1918 年 6 月，苏联党中央派来了斯大林，他和老朋友伏罗希洛夫（后来成为元帅，在斯大林死后还当过苏联名义上的国家元首）一起指挥当地的红军，保卫察里津。在这期间，两人还和"红军之父"托洛茨基闹翻了。许多年后，托洛茨基会败在斯大林手上。

后来，斯大林成为苏联最高领袖，为了纪念他和察里津的缘分，就把这座城市更名为斯大林格勒，意思就是"斯大林的城市"。私以为，用在世的领导人的名字来命名一座城市，是非常尴尬的事情，但斯大林自己似乎并不尴尬。等到赫鲁晓夫上台，推行去斯大林化，就把这座城市更名为伏尔加格勒（伏尔加的城市），这个名字沿用至今。

飞机平稳着陆。机上乘客仿佛是约好了似的，纷纷鼓掌，我也赶紧效仿。有一个网络段子大家可能都听说过，说是俄罗斯的民航飞行员都是战斗机飞行员出身，驾驶风格非常剽悍，所以着陆时大家要鼓掌，庆祝自己安全着陆、逃过一劫。我坐俄航的飞机并不多，有几次从中国去英国或奥地利，曾搭乘俄航飞机，在莫斯科转机，因为俄航的航班都相对便宜。据说俄航飞机往往能提前抵达，也许确实是因为俄罗斯飞行员艺高人胆大。不过后来我又听说，客机降落时乘客鼓掌是为了感谢机组人员的服务和辛勤付出。究竟是为了庆幸自己生还，还是表示感谢呢？我也不知道。

从中国召回的指挥官

1942年，希特勒对斯大林格勒志在必得。斯大林也下定决心要守住这座以他的名字命名的城市。

进攻方是德军B集团军群下属的第6集团军，总司令是弗里德里希·保卢斯大将（后来升为元帅）。开始进攻的时候，第6集团军有大约27万人、3000门大炮、500辆坦克，另外得到空军大约1600架飞机的支援。

战役开始的时候，负责守城的红军有大约18万人、2200门大炮、400辆坦克，得到300架飞机的支援。

9月11日，瓦西里·伊万诺维奇·崔可夫被任命为苏联第62集团军司令员，负责斯大林格勒城区的防务。安东尼·比弗对他的描述是这样的：

"他是新一代将领中最铁血无情的人物之一，因其暴烈脾性常被比作朱可夫元帅。那张棱角分明的农民面孔与浓密须发，堪称典型的俄罗斯硬汉形象。然而这位将军亦不乏粗犷幽默——当他咧开镶着金牙的嘴发出土匪般的大笑时，这种反差更显得格外鲜明。"

崔可夫临危受命时，方面军首长赫鲁晓夫问：

"崔可夫同志，你如何理解自己的任务？"

崔可夫回答："我们将誓死保卫这座城市，要么守住它，要么战死沙场。"

★ 崔可夫将军

崔可夫最重要的标签就是"斯大林格勒的英雄"。但对我们中国人来说，他的另一段经历

★ 对第62集团军司令员、中将崔可夫的战斗评价（1942年11月8日），认为他具有果断、坚定、勇敢、战略视野宽广、富有责任心和使命感等优秀品质

可能更有意思。因为崔可夫其实也是"中国人民的老朋友"，他和中国有着难解之缘，对中国的抗日战争也有贡献。

崔可夫出身于贫苦农民家庭，12岁就到工厂做工，年纪轻轻就参加了红军，凭借战功不断晋升。20世纪20年代，他在伏龙芝军校表现良好，被邀请多待一年，学习中文。1926年，他作为苏俄外交代表团的一员去了中国东北、天津、北京等地，1927年又作为军事顾问到中国。他的中文讲得很好，曾在华南和四川大范围考察，了解中国的风土人情和政治局势，可以说是个中国通。

在1937年七七事变之后，苏联对中国的态度有所转变，这主要是因为日本对苏联也构成了威胁。在本书第三章，我们谈到，以石原莞尔为代表的很多日本军人对苏联非常敌视。所以，苏联在这个时候愿意支援蒋介石领导的国民政府去对抗日本。苏联的想法是，帮助蒋介石坚持抗战，牵制住日本，从而让日本无暇侵犯苏联，好让苏联没有后顾之忧地应对西方（主要是德国）的威胁。

就这样，1937年8月21日国民政府与苏联在南京签署《中苏互不侵犯条约》。同年11月，苏联派遣空军志愿队来华作战。截至1941年6月苏德战争爆发前，先后来华的苏联航空志愿人员达2000名，其中约200人在中国战场牺牲。不过值得注意的是，此时苏联与日本并未公开撕破脸皮，所以这些援助都是相当隐秘的。2009年落成的南京抗日航空烈士纪念馆曾将抗战时期中华民国空军获得的苏制伊-16战斗机涂上苏联的红五角星，这并不符合史实，因为当时苏联并没有正式与日本交战，所以不可能公开使用苏联的徽标。

除了派飞行员参战，苏联还向中国提供大宗贷款和物资援助，输送飞机、坦克、大炮、机枪等军火。同时，最早一批苏联军事顾问抵达中国，帮助中国抗战。仅在武汉抗战期间，就有超过300名苏联军事顾问、200名技术专家被派往中国。当然，这些援助不是无偿的，中国以钨金属或茶叶等消费品偿还。

1940年12月，崔可夫被任命为苏联援华军事顾问团的团长。据他在回忆录中说，他的任务一是帮助蒋介石坚持抗战，二是阻止蒋介石打内战，劝他动员一切力量去抗日，并协调中共与蒋介石的关系。崔可夫这次来华，给中国军民雪中送炭，带来了15名军事顾问、150架战斗机、100架快速轰炸机、近300门大炮、500辆吉斯5型卡车以及其他一批相关军用装备和备件。崔可夫得到了蒋介石的亲自设宴接待。1941年1月皖南事变发生后，崔可夫在国共双方之间斡旋，尽力推动双方继续合作抗日。

1941年9月，第二次长沙会战爆发，崔可夫建议国民党军队攻击长沙北面的军事重地宜昌市，并亲临前线，与第六战区司令长官陈诚通力合作，成功解除长沙之围。

此时苏联已经遭到德国入侵，形势危急，崔可夫渴望回国效力，并且他认为无须担心中国抗日的意志，现在也能得到英美的大力援助，而且苏联继续深度介入中国对日作战可能会增加苏日军事摩擦风险，使得对德战争十分不利的苏联被迫分心卷入两线作战。为此，崔可夫向苏联最高统帅部汇报，援华军事顾问使命应该告一段落。1942年3月，他被召回苏联。

不准后退一步！

我乘轻轨来到马马耶夫山岗（Mamayev Kurgan）脚下。此地是周边地区的制高点，从这里可以俯瞰市区。马马耶夫这个名字的意思其实是"马麦的山岗"。马麦（1335—1382）是蒙古人在俄国土地上建立的金帐汗国的军事强人，曾经挟天子以令诸侯。1942年斯大林格勒战役期间，马马耶夫山岗曾是苏德双方鏖战的修罗场，战后苏联在这里建起了一个庞大的纪念碑群。

游人不算多。卖门票的俄罗斯大妈用俄语问了我一句话，我只听得懂"契丹"一词，也就是俄语里的"中国"。我就回答："Yes。"大妈微微一笑，塞给我一张景区的介绍材料，是中文的。我道了谢，后来瞄了一眼，发觉它的中文翻译有些离谱，就不再看了。

马马耶夫山岗是一个超级经典的苏维埃审美的集大成所在：每一件东西都是庞大、粗犷、豪迈、震撼人心的。这简直是一种巨物崇拜，当然也可能引起巨物恐惧。

拾级而上，两边都是白杨树。再往上走，会看到一个赤裸着上身、肌肉发达（像是如今社交媒体上健身达人们经常自拍的那种形象）的战士的雕像，战士的右手攥着手榴弹，左手拿着波波沙冲锋枪，拿得轻

★ 刻有第227号命令的雕塑

松自如，仿佛那冲锋枪不过是个玩具。雕塑的底座上刻着一句俄文，我查了一下，原来是斯大林著名的第227号命令："不准后退一步！"

第227号命令是在1942年7月28日发布的，当时苏联前线的军事形势极度险恶，斯大林不得不采取极端措施。每个方面军必须组建1至3个惩戒营（每个营不超过800人），由违反军纪的中高级军官组成；这些惩戒部队将被部署在东线战场最危险的作战区域；各集团军需在后方设立"督战队"，对临阵脱逃者或散布恐慌者就地正法。电影《兵临城下》里就有这样的场面。

崔可夫在第62集团军新官上任，却发现司令部的好几名高级军官都临阵脱逃了，立即开始用雷霆手段整肃部队。他后来回忆道：

"抵达集团军司令部时我怒火中烧——只见到了古罗夫同志、参谋长克雷洛夫和炮兵主任波扎尔斯基三人。三位副手全逃到东岸去了。最棘手的是我们缺乏可靠的战斗部队，却必须坚守三到四天。各师指挥部都设在伏尔加河东岸，只有我们还顶在前沿高地上。指挥所设在察里津河畔的隧道里，比其他部队都靠前，这后来被证明是正确的决定。有件事——如果可以用这个词形容的话——办得干脆：我们立即以最严厉的手段整肃怯战行为。（9月）14日我枪决了一名团长及其政委，随后又处决了两名旅长及其政委。这记闷棍镇住了所有人。我们特意让消息传到士兵尤其是军官耳中：'要是敢退到伏尔加河，集团军司令部就在你们眼前。'于是他们全回到了阵地。要是我自己逃过河，上岸就会被枪毙——他们做得对。非常时期当用非常手段。"

★ 军事荣耀大厅中的"永恒圣火"

从马马耶夫山岗的台阶再往上走，会看到更多的雕塑，以及代表废墟的残破墙垣，墙上有许许多多眼睛紧闭的面孔，应当是象征长眠在此地的阵亡将士吧。

然后是圆形的"军事荣耀大厅"，形似蒙古包，也有可能是模仿某种圆形神殿。大厅内有军人站岗，各个军服笔挺，一尘不染，皮鞋锃亮。走近了才发现都是非常年轻的小伙子，稚气未脱，目不转睛，从来不看游人。大厅内的大理石地板上有一只巨手伸出，攥着火炬。这就是"永恒圣火"。大厅内播放着忧伤哀婉的音乐，很有斯拉夫风情。游人都情不自禁地保持沉默，或者只敢附耳私语。大厅的墙上有很多马赛克，写着俄文，我后来才得知是阵亡者的姓名。

离开"军事荣耀大厅"，向山顶进发，这里就是整个纪念碑群的重中之重：高85米（相当于20多层楼）的巨像《祖国母亲在召唤！》。青铜铸造的面容耸立在惊人的高度，其怒张的嘴唇与深陷的眼窝构成极具张力的悲怆表情，飘动的发丝在秋日阳光下投射出动态阴影。怒目圆睁的双眼仿佛穿透时空，仍在对伏尔加河畔的人们发出战斗召唤。

这座极具震撼力的巨像由苏联雕塑大师叶夫根尼·乌切季奇倾注数年心血打造。在工程奇迹的背后，是2500吨特种钢材与5500吨高强度混凝土的精密构筑，为抵御伏尔加河畔的强风荷载，雕塑家与结构工程师尼基金创造性地在剑身设计蜂窝状通风系统——这项创新既化解了14吨巨剑的风振风险，又完美保持了剑指苍穹的凌厉线条。

崔可夫将军，正是《祖国母亲在召唤！》设计时的

★《祖国母亲在召唤！》是伏尔加格勒的标志性巨型雕像，体现了苏联的硬核美学

顾问之一。他死后也葬在这里。与他一同长眠的，还有 34 505 名为保卫斯大林格勒献出生命的苏联军人。

近兵鏖战

崔可夫接手斯大林格勒城区的防务时，处境就极其困难。强大的德国空军对市区狂轰滥炸，数以千吨计的炸弹倾泻下来，城市很快变成一片废墟。

但是，市内的一些工厂仍在继续生产，尤其是一家工厂在坚持生产 T-34 坦克。这种坦克是德军的强有力对手。同时许多工人也参加了战斗。有时候，坦克刚刚从生产线下来就由工人驾驶，奔赴前线。为了保家卫国，斯大林格勒可以说是全民皆兵，连妇女儿童都被组织起来去修筑战壕和防御工事。

正因苏联人的奋勇抵抗，德军向斯大林格勒城内推进时付出了巨大代价。当然，苏联人的损失也极其惨重。此时，在斯大林格勒战场上，新到前线的红军士兵的平均生存时间竟然不到 24 小时，军官到了前线之后平均活不过3天。为了支援斯大林格勒，苏联最高统帅部甚至从遥远的西伯利亚调兵遣将。

当时的德军可以说是世界上素质最高的军队，尤其擅长坦克、步兵、工兵、火炮和飞机的协同作战。德军的大炮和飞机都实在太厉害了，而红军掌握不了制空权。

苏联人苦苦思索的一个问题就是：如何能让德军的空军和炮兵优势发挥不出来？

崔可夫想出的答案就是，尽可能与德军近距离作战，也就是说"紧抱"德军的步兵，与其短兵相接。这就迫使德军减少空中及炮火支援，以免误伤自己人。

本着这种思想，红军把楼房、工厂、仓库、民居和办公楼全都转变成防御据点，布满机枪、反坦克枪、迫击炮、地雷、铁丝网、狙击手和战斗小组。每个小组有5到10名冲锋枪兵和步枪兵。激烈的战斗在每一个废墟、街道、工厂、住宅、地下室和楼梯间进行。德军把这种逐屋争夺的战斗称为"耗子战"。哪怕是在一套面积很小的公寓房之内，也可能发生多次

★ 巴甫洛夫大楼今昔

惨烈的争夺。德军哪怕已经占领了公寓房的厨房，却攻不下客厅。

于是，清晰可辨的两军对垒的战线消失了。战线变得非常破碎和凌乱。习惯于得到坦克、大炮和飞机支援的德军步兵不得不投入艰苦卓绝的鏖战。

红军战士当中涌现了许多英雄人物，其中最有名的可能要数巴甫洛夫中士了。他率领一个排的兵力（20来人），在敌人的重重围困和不断猛攻之下，坚守市中心伏尔加河畔的一座公寓楼长达60天之久。这座大楼后来被命名为"巴甫洛夫大楼"。

这座大楼的战略意义在于，它俯瞰伏尔加河，而且位于一个十字路口，四通八达。所以德军对它志在必得，红军则死守到底。

巴甫洛夫带领部下用铁丝网和地雷阵围住大楼，并在每一个窗口布置了机枪。守军的一举一动都处于德军的轰炸和炮击之下，很难从外界获得粮食和饮用水。一连两个月，巴甫洛夫的队伍都没有得到换防和增援，打退了敌人不知多少次进攻。崔可夫将军说，德军试图攻占巴甫洛夫大楼而阵亡的人数，比攻占巴黎时的阵亡人数还多。

后来建起了纪念碑群的马马耶夫山岗（军事地图标注为102.0高地）也曾是苏德双方鏖战的战场。这座山丘的战略价值在于其俯瞰全城的制高点地位，崔可夫的第62集团军在马马耶夫山岗的斜坡构筑了由战壕、铁丝网和雷区组成的严密防线。9月13日，德军在付出惨重代价后终于占领高地，随即对市中心及山下的主火车站实施炮击，并于9月14日攻占伏尔加格勒火车站。

但在同日，亚历山大·罗季姆采夫指挥的苏军近卫步兵第13师冒着德军炮火从伏尔加河东岸驰援入城。该师万名官兵立即投入战斗，于9月16日夺回马马耶夫山岗，并继续为争夺火车站而血战，几乎全员阵亡。苏军不断向城内增援，而德军每日发动多达12次冲锋，均遭猛烈反击。

马马耶夫山岗的控制权数次易手。至9月27日，德军再度占领马马耶夫山岗半坡，而苏军第284步兵师死守剩余斜坡阵地，直至1943年1月26日反攻部队解围。一周后，这场战役以德军彻底失败告终。

战后勘察显示，由于遭到持续炮击，马马耶夫山岗的土壤与金属破片混杂，每平方米竟含500～1250块弹片。冬季积雪在爆炸和烈火中消融，致使山体始终呈现焦黑色。次年春季，被烧灼的土地依然寸草不生。

反攻

经过三个月的血腥杀戮和缓慢而代价昂贵的推进之后，德军最终到达伏尔加河岸，攻占了90%的已经残破不堪的市区，并将残存的守军切割成两半。

但这还不算胜利。第6集团军已经精疲力竭，它的补给线太长、太脆弱，而负责保护它侧翼的罗马尼亚和意大利部队因为素质较差，被认为是不可靠的"软柿子"。

11月19日，苏联红军在整个苏德战线的中路和南路同时发动大规模反攻。在中路的莫斯科附近，红军发动了"火星"行动，牵制了大批德军，让他们没有办法南下去支援斯大林格勒前线。

而在南路的斯大林格勒周边，红军在两位卓越的军事家朱可夫元帅和华西列夫斯基元帅的领导下调集重兵。此时斯大林格勒前线双方的力量对比已经颠倒过来了。红军有114万人，而德军只有25万人。

红军在斯大林格勒周边的猛烈攻势代号为"天王星行动"。他们果然先拿罗马尼亚人和意大利人开刀。这些素质远不及德军的外籍部队兵败如山倒，导致第6集团军的补给线被切断，侧翼暴露，最终整个集团军被红军包围得水泄不通。进攻斯大林格勒的德军自己反而被包围了。

1942年冬至1943年初，斯大林格勒包围圈内的大批德军或冻死，或饿死，或死于疫病。希特勒企图用空军向包围圈内的部队空投给养，为其解围，但失败了。

1993年德国拍摄的反战电影《斯大林格勒》中有一个场景把德军当时的山穷水尽描述得淋漓尽致，特别令人难忘：一小群衣衫褴褛的德军看到敌人坦克逼近，一名士兵问长官："我们的大炮在哪里？"长官说："你们就是大炮。"后来大家不得不用人力搬运重物时，士兵问："我们的马在哪里？"长官答道："你们就是马。"

1943年1月10日，朱可夫再次发动攻势，准备一举歼灭斯大林格勒包围圈内的德军。红军的生力部队在炮火准备之后越过斯大林格勒周边天寒地冻的乡村，发动正面进攻，然后在已经化为瓦砾堆的城市里进行激烈巷战。包围圈内的德军弹尽粮绝，很快就溃败了。

令希特勒震怒的是，第6集团军总司令保卢斯元帅于1943年1月31日投降。随后，包围圈内的德军全部投降。

德军在斯大林格勒战役及相关作战中有80万人伤亡，9万人被俘。东线战场从此攻守易势。今天我们一般认为，斯大林格勒战役是第二次世界大战的一个重大转折点。

第八章

自愿去奥斯维辛的人

★

华沙，1944

1944年6月，差不多在西方盟军登陆诺曼底的"霸王行动"的同时，苏联红军在东线也发动了大规模进攻，叫作"巴格拉季昂行动"。

红军投入了大约250万人、6000辆坦克或自行火炮、45 000门大炮和8000架飞机。而迎战的德军只有大约80万人、600辆坦克或自行火炮、3000门大炮和900架飞机。

双方实力悬殊。而且，经过好几年的磨砺，苏联红军的指挥水平和战斗力都有了很大提升，而德军已经损失了太多素质高、有经验的兵员。与此同时，德军还要分兵在西线与英美军队鏖战，所以力量非常薄弱。

结果不出意料，德军惨败，整个中央集团军群被歼灭，一共损失了大约45万人。整个东线德军的战线一下子后撤了几百千米。战场转移到了波兰境内。

7月28日，苏联红军打到了距离德国控制下的波兰首都华沙仅有40千米的地方。

在近现代历史上，俄国和波兰的关系一直不好，再加上我们之前讲到的，二战在欧洲刚爆发的时候，苏联和德国一起瓜分了波兰，后来苏联还屠杀过被俘的波兰军人，所以苏联红军逼近华沙的时候，他们也知道不会得到波兰人的欢迎。

华沙印象

2023年10月，我从爱沙尼亚首都塔林乘飞机飞往拉脱维亚首都里加。这趟路程其实很短，我本想乘火车，但在各种App上死活没找到两国首都之间有火车线路。飞行时间只有50分钟，飞机刚刚爬升完毕，广播马上就响起，说要下降了。后来我告诉一位生活在塔林的朋友，她说：你傻呀，你可以坐大巴呀，这样还可以看风景。

连续沿着波罗的海奔波的那几天非常忙碌，也很充实。塔林袖珍而精致，看上去像是某个斯堪的纳维亚国家的小城，完全不会让人想到它曾属于苏联一部分的过去；里加就让我觉得粗犷一些、破败一些、苏维埃气氛浓郁一些。但最明显的就是，里加更像一个大城市，更为熙熙攘攘，更热闹和大气一些。其实如果从人口算，塔林有45万人，里加也只有60万多一点。

很多年前我有一个英语外教，是牙买加人。他讲过一个段子，说他小时候以为牙买加就是整个世界，是地球上最重要的国家；直到他后来去了——苏里南。

我当时听到这个段子就捧腹大笑，毕竟我这位满头"脏辫"的黑人哥们儿后来去美国读大学，又来了中国，但对少年时代的他而言，震撼最大的还是苏里南的庞大。

其实我现在有类似的感觉，就是在塔林待了几天之后，再到里加，便觉得里加是大城市；现在我从里加飞到了华沙，出了停机楼，上了进城的公交车，看着万家灯火、六车道的大马路，不禁感慨：我进城啦！终于来到一个大都市了。

虽然其实只有186万人，但我明显感到，华沙与那几个波罗的海国家的首都不可同日而语，恢宏大气的程度一下子上了好几个台阶。这也体现在语言上。之前我对塔林的直观感受是人人都会说英语，而且是

★ 华沙的城市街景

那种很洋气的美式英语。我到塔林的第一晚去超市买东西，一位超市大妈热情地给我解释了水果如何称重，英语说得极好。当时我就有点震撼。后来乘公交车去远郊参观塔林军事博物馆时，也感受到了公交车司机大叔的英语水平。后来在苏联克格勃监狱的遗址纪念馆，我忍不住问卖票小哥："你们爱沙尼亚人的英语说得怎么这么好？"他耸耸肩，说："我们国家小，没有那么多文娱节目，所以我们从小就看英美的电视节目。"我不知道这个解释有没有道理，但我确实曾听一个挪威朋友说，他们就是从小靠看电视学英语的。

反观里加人的英语就差很多了，我好几次买东西或者问路，都以失败告终。等到了华沙，直观感受是英语好的人大幅度减少。我的一位生活在德国的朋友后来评价说：对的哦，大国人都是不愿意学外语的。

胸怀天下

波兰是大国吗？从面积来看，波兰领土面积约为31万平方千米（比德国小一些）；从人口来看，只有3700万（比德国的8400万少很多）。但我能够清楚地感受到，波兰人是有一种大国心态和强烈的历史感的。16世纪起，波兰-立陶宛联邦的面积曾达到将近100万平方千米，称雄欧洲，毕竟也是祖上阔过。

我去华沙国家博物馆参观的时候，震惊地发现，那里有一整套从苏丹境内法拉斯（Faras）发掘来的6

★ 华沙国家博物馆里的苏丹和埃及藏品

世纪努比亚文物，包括壁画、浮雕等。还有整整一个展厅，里面陈列着大大小小十几具埃及木乃伊。我这才知道，波兰原来对埃及学和考古学贡献颇多。

波兰的胸怀天下和世界主义气象当然还体现在著名的"海间联邦"计划。

两次世界大战之间，波兰被夹在德国和苏联这两大强敌之间，充满了不安全感。当时波兰的铁腕人物毕苏斯基想出了一个主意，就是把波罗的海和黑海之间的多个国家联合起来，成为平衡和对抗东西方的第三支力量。这就是"海间联邦"。"海间联盟"有多个版本，其中最宏大的版本包括波兰、立陶宛、爱沙尼亚、拉脱维亚、白俄罗斯、乌克兰、匈牙利、罗马尼亚、南斯拉夫和捷克斯洛伐克。如果成功，就能建立起一个面积广袤、人口众多的中欧大国。当然了，这些小国愿不愿意与波兰联合、接受波兰的领导，就完全是另一个问题了。毕苏斯基卒于1935年，在这几年后，上述国家要么被纳粹德国占领，要么成了苏联的一部分。

1939年波兰被德国和苏联占领之后，波兰政府流亡到了英国，与英法密切合作，坚持抗德。在不列颠空战期间，就有一些波兰飞行员加入了英国皇家空军参战，表现出色。后来还有一些波兰部队在西方盟军的组织框架内，参加了意大利战役和诺曼底登陆。波兰人是一个自豪的民族，虽然国土沦丧，但他们始终在顽强地奋战，等待胜利和自由的那一天。

在波兰境内还活跃着"家乡军"，也就是波兰爱国者组成的地下抵抗力量和游击队。这些人拥护在伦敦的流亡波兰政府，所以对苏联没什么好感。

波兰家乡军在巅峰时期成员达40万，是一支相当强大的抵抗力量。他们为抵抗纳粹德国做出了非常大的贡献。从德国到苏联前线的交通线要经过波兰，波兰家乡军就"扒飞车，搞机枪，撞火车，炸桥梁"，破坏德军往苏联前线的运输。据估计，所有前往东线的德国运输车中有八分之一因为波兰家乡军的活动被摧毁，或严重延误。

而且，家乡军的游击战牵制了大量德国军队，让德军不能心无旁骛地对付苏联。波兰人还为盟军搜集情报。1939年至1945年，英国情报机构从欧洲大陆收到的全部报告中，有48%来自波兰人。

发达的电子支付

不止一个人告诉过我，华沙看上去像北京，主要体现在建筑上。我住在市中心的科学文化宫附近。科

★科学文化宫，华沙的标志性建筑

学文化宫是一座非常典型的斯大林主义建筑，气势磅礴，高耸雄伟，布局对称，让我想起上海的中苏友好大厦（上海展览中心），不过华沙科学文化宫的高度起码是中苏友好大厦的两倍。科学文化宫是斯大林"赠送"给波兰人的礼物，但因为其

形状，也被戏称为"斯大林的注射器"。我到华沙的时候，正是2023年波兰议会选举的前一天，最近发生了多次反对执政党"法律与公正"党的游行示威，所以大街上气氛有那么一丝丝紧张。在市中心经常看到配枪的波兰警察。"法律与公正"党持疑欧论，而反对派更为亲欧和包容开放。后来反对派获胜，图斯克成为波兰总理。

我在"斯大林的注射器"附近一家小店吃土耳其烤肉（比德国的物美价廉）的时候，突然间有一名波兰警察闯进来，穿着防弹衣，胸前挂着MP5冲锋枪。明显是中东人样貌的店主立刻紧张起来。他用英语客客气气地问对方需要什么。波兰警察也用英语回答。很有意思，烤肉店店主的英语比警察好得多。那个警察身材矮小瘦弱，而店主非常魁梧雄壮，但毕竟"真理"挂在对方的胸前，店主显得十分恭敬，甚至谄媚，说："我们不惹麻烦！"（We don't want any trouble）警察其实只是来买个烤肉卷饼的，店主明显松了一口气。

我吃完后，用苹果手机的Apple Pay支付。说到这里，必须感慨一下，因为之前的一个多月里我生活在德国，那里的数字化程度相当低，令人惊讶。在中国的时候，我已经好几年没有用过现金了，到了德国更是震惊地发现，钞票和硬币仍是每天都必须使用的东西。我甚至专门买了一个零钱包来装叮叮当当的硬币。德国的很多地方甚至不收信用卡，只收现金。

恰好我听的一个德语播客节目《黑手党之国》（*MAFIA LAND*）在聊意大利黑帮光荣会（Ndrangheta）在德国的活动（敲诈、洗钱、贩毒、渗透合法商业、收买政客），着实触目惊心。不过有一点确实令人绷不住了：意大利黑帮为什么要去德国发展呢？一个重要原因在于，德国在今天仍然是个现金社会，洗钱方便，法律不限制大额现金交易。你可以提两个手提箱的钞票去买豪车，没人管。这在欧盟其他国家是不可能的。希腊的法律甚至规定，单笔现金交易不能超过500欧元。就我的观感，在日常消费方面，波兰的数字化程度远远高于德国。我在华沙机场换了相当于20欧的兹罗提，在波兰待了十几天，根本没用上。而荷兰和北欧三国基本上完全是无现金社会，甚至上公共厕所也可以刷卡或电子支付。我在丹麦与一位学者聊天时，随便问了一句："丹麦人对德国的观感如何？"她的回答是："德国人非常保守。"

当然有人为德国辩解，说是史塔西监控人民的历史让德国人对隐私问题特别敏感，所以对电子系统的接受度很低。这或许是原因之一吧。

家乡军起义

1944年7月，苏联红军兵临华沙城下的时候，波兰家乡军摩拳擦掌，准备在华沙发动起义，赶走德国人。

此时，西方盟军还在法国境内鏖战，不可能直接支援到遥远的波兰，所以波兰家乡的起义胜算不大。但他们有一个考虑：如果他们不发动起义，波兰共产党就会在苏联红军的支持下发动起义，那样的话，波兰家乡军和流亡政府就会丧失威信，将来还会失去在波兰的政权。

★ 波兰家乡军将士

　　所以，当时的形势就是这样：德军在准备防守华沙，抵抗苏联红军；波兰家乡军准备在华沙发动起义，驱逐德军；苏联红军在向西进攻，距离华沙已经不远。波兰家乡军和苏联红军有共同的敌人（德国人），但是互不信任，所以相互之间几乎完全没有联系，更没有配合。

　　波兰家乡军在华沙有25 000人，战斗打响后还

有很多市民志愿参加，最后总
数达到将近5万人。德军主力
部队在华沙以东地区对抗苏联
红军，驻守华沙市区及其周边
的德军有4万人，大多属于战
斗力较差的二三线部队。

★ 波兰家乡军的铜质战
斗徽章。徽章下方符号
来自字母P和W的融合，
代表Polska Walcząca（战
斗波兰）或 Wojsko Pol-
skie（波兰军队）和 Pow-
stanie Warszawskie（华
沙起义）

　　波兰家乡军总司令科莫罗
夫斯基误以为红军很快就会攻
入华沙，所以在8月1日发动了
起义。几分钟内，华沙全城淹
没在枪声中，街上的德军巡逻
队遭到攻击并被缴械，许多重要地点被起义军占领。
起义军还缴获了一批德军武器。

　　波兰爱国者纷纷动员起来。医生护士在急救站守
候，神父为起义军祝福，冶金工人成为军械匠，自制
火焰喷射器和冲锋枪，用罐子和未爆炸的德军炮弹和
炸弹制作手榴弹。餐馆为起义军将士服务，年轻姑娘
当担架队员，小男孩志愿报名担当传令兵，街上到处
贴了"每个德国人一发子弹！"的标语。

8月2日至3日两天，起义军四处攻击德军据点，但是因为缺乏重型武器，无法摧毁钢筋混凝土工事，起义军伤亡惨重，战斗结果令人失望。

不过，最让人失望的是，维斯瓦河东岸的红军遭德军反攻，双方陷入反复争夺维斯瓦河"桥头堡"的混战。到了8月4日，华沙上空也看不到苏联飞机了。

华沙起义博物馆

华沙的基础设施很新，很现代化，地铁非常整洁，不像德国那样经常弥漫着尿臊气。这大概是因为德国地铁站（以及火车站）是完全信任乘客的，任何人都可以随意进入，直到月台；而华沙地铁站（像中国、英国、荷兰地铁一样）必须刷卡才能进入。

我乘地铁去参观华沙起义博物馆。出了地铁站，不禁感慨：确实太像北京了！鳞次栉比的现代化写字楼、玻璃幕墙、奇奇怪怪的现代风格建筑，有一瞬间让我感觉像是到了北京CBD，当然规模没有北京那么大。可能是因为华沙在二战中几乎被破坏殆尽，战后

★ 华沙起义博物馆

重建时除了按原貌重建老城区的中世纪建筑之外，基本上就是一张白纸，正好可以规划新式建筑。

华沙起义博物馆是一个规模相当大的红砖建筑群，有一座灰白色的瞭望塔雄踞于整个建筑群上，上面有PW两个字母，画得像个船锚。PW就代表"华沙起义"（Powstania Warszawskiego）。我去旁边的小屋买票，惊喜地得知：今天是开放日，免费开放！

然而，走进馆内，我的惊喜就烟消云散了。恰恰是因为免费开放，所以人太多了！看样子有中学在组织活动，所以里面挤满了叽叽喳喳、窜来窜去的十几岁孩子。

好在展览本身足够精彩，可以看到起义军使用过的制服、枪械、传单、书信、无线电设备等。甚至还有情书，这就给"拼搏、牺牲"的宏大主题增加了一些人情味，让人感到那些人物不仅是历史教科书上的神圣不可侵犯的英雄，而且还是有血有肉的真人。馆里还提供了一份日历，包括从1944年8月1日起义开始到10月2日结束的63天，上面介绍了

★ 8岁的小护士罗莎

每一天发生的主要事件。有一个展厅叫"小起义军"，介绍了参加起义的一些少年儿童的故事，其中我觉得最有意思的是一个名叫罗莎·玛丽亚·戈兹杰夫斯卡（Róża Maria Goździewska）的小护士。她当年只有8岁，参加了照料伤员的活动，给伤员

端茶送水，安慰他们，驱赶苍蝇。她有一张头上扎着蝴蝶结、戴着红十字臂章的照片留存至今。我在阅读照片书面文字的时候心揪得紧紧的，生怕读到这个可爱的小姑娘死于战火。最后我松了一口气：罗莎于1989年去世。

无奈的投降

华沙起义的消息一传到希特勒耳朵里，他立刻在8月2日任命党卫军的高级将领巴赫-齐勒维斯基为华沙城防司令，负责镇压起义。巴赫-齐勒维斯基是个心狠手辣的角色，参与过对犹太人的大屠杀。

同时，德国陆军也派出强大的一线部队增援，并给华沙德军运去重炮、火箭炮和火焰喷射器。

从8月4日起，德军开始对起义军发动猛烈进攻，随着战斗升级，手段也越来越残酷。德军实行焦土政策，用重炮摧毁家乡军用作掩体的建筑，大量屠杀战俘、平民和医院里的伤病员。

8月9日，斯大林勉强同意帮助华沙起义军。不过他说，因为德军的反攻很猛烈，红军被从华沙城下打退了，一时间也救不了华沙。这么说有一定道理。而且，红军自从"巴格拉季昂行动"以来推进了数百千米，连续作战，部队疲惫不堪，而且由于补给线拉长而缺乏燃料、弹药和其他补给，力量确实不足。

斯大林也确实派飞机向华沙城内空投了一批武器弹药，但数量有限，而且有不少落入德军手中，所以其实没有帮上忙。现在通常认为，斯大林如果下定决心要援救华沙起义军，应当是办得到的，但他对这些波兰爱国者的态度是三心二意的。这些不认同苏联的波兰人如果被德军消灭了，对斯大林来说肯定是好事。

到了9月底，华沙起义军弹尽粮绝，他们在发出的最后几次广播中说："华沙的英雄们是那些士兵，他们用左轮手枪、汽油瓶作为武器，与坦克、飞机和大炮搏斗。华沙的英雄们是那些妇女，她们在弹雨纷飞的炮火下护理伤员，传送信件，她们在炸得倾塌的地下室里炊制食品，喂养小孩。她们在安慰将死者，减轻他们的痛苦。华沙的英雄们是那些孩童，他们在

★ 纳粹党卫军将华沙犹太人押往集中营。站在前面的孩子举起双手，眼神充满疑惑和恐惧，他不知道发生了什么事，但他很害怕

冒烟的废墟间安静地嬉戏。这些，就是华沙的人民。"

波兰家乡军司令部在与民众商量之后，认为继续战斗不会达到起义的目的，只会延长人民的痛苦，于是通过波兰红十字会与德军谈判。

10月2日，起义军与德军签订停火协定。同日，波兰代表在德军司令部签署了投降书。

波兰起义军投降后，德军将华沙夷为平地，全城85%的地方都被毁坏。在华沙起义期间，德军伤亡约

2.5万人，波兰起义军伤亡约4万人，其中1.5万人战死。据波兰方面统计，平民死亡数量在15万到20万人，另外50万幸存者被德军驱逐，其中许多人被运往奥斯威辛集中营。直到1945年1月17日，苏联红军才进入华沙。随着苏联控制了波兰领土，波兰家乡军被迫解散。随后的几十年里，波兰属于苏联领导的东欧社会主义阵营。

潜伏集中营

维托尔德·皮莱茨基（Witold Pilecki）的故事，我以前也听说过。这次在华沙起义博物馆，关于他的展品和介绍比较多，我就重温了这位斯拉夫超人的传奇。若非有详细的史料和大量人证，皮莱茨基的故事简直令人难以置信。

★ 皮莱茨基雕像

毕竟，谁会主动被关进奥斯维辛集中营呢？更神奇的是，他居然还能从那里越狱逃出。

皮莱茨基是波兰贵族出身，他的祖先就因为反抗俄罗斯帝国对波兰的殖民统治而被没收了庄园，然后被流放到俄国境内。这种反抗帝国主义压迫的精神，在皮莱茨基家族中一直传承不息，始终保持着强大的生命力。他本人在少年时代、第一次世界大战之前，就加入了反抗俄国的地下组织。一战结束后的苏波战争期间，皮莱茨基又正式加入羽翼初生的波兰军队，参加过挽救了新生波兰的华沙战役（所谓的"维斯瓦河上的奇迹"）。1939年德军入侵波兰时，皮莱茨基是个骑兵排长。他所在的骑兵单位曾经击毁过好几辆德军坦克，还击落了一架敌机。波兰战败后，皮莱茨基选择留在波兰，转入地下活动。他以一个化妆品仓库经理的身份为掩护，从事地下抗德事业的组织工作。

抗德的波兰人也并不都是天使，他们当中也有很多极端的波兰民族主义者、种族主义者和反犹主义者。德国人甚至煽动某些波兰人的反犹情绪，企图统战这部分群体。皮莱茨基则主张，波兰的犹太人也是波兰国民，而且正遭受纳粹的迫害，非常值得同情和帮助；波兰族人应当和犹太人团结起来，共同抗德。他忧心忡忡地向流亡伦敦的波兰政府报告了这些情况。

1940 年 4 月，德国人在波兰南部小镇奥斯维辛建造了一座新的集中营。外界对这座集中营的性质并不了解，但逐渐有了一些可怕的传闻。波兰的地下抵抗运动领导人问："有没有人愿意潜入奥斯维辛集中营，去调查那里的情况？"皮莱茨基主动报名了。

9 月，德军在华沙大肆搜捕犹太人和抵抗战士，一口气逮捕了 2000 人。皮莱茨基就是其中之一。他拿着假身份证，故意以身涉险，主动投入纳粹的大网。9 月 21 日，他与另外 1705 名犯人一起，被押送到奥斯维辛集中营，编号为 4859。进入这个人间地狱后，人的生命就只能按天算，今天还能躺下睡觉，明天可能就会被打死。皮莱茨基和其他犯人一样做苦力，被折磨得皮包骨头，还染上了肺炎，差点死掉。我们实在无法想象，他是怎么熬下来的。

能够熬下来就已经是奇迹。更神奇的是，他竟然还牢记使命，在集中营里搞起了组织工作。他建立了一个秘密的抵抗组织，鼓舞囚徒们的精气神，分配口粮和衣服，建立情报网络，并秘密地训练大家，以便在集中营遭到攻击时发起暴动。皮莱茨基的组织分成许多个小组，每个小组有5人。集中营的其他一些秘密抵抗组织后来也逐渐合并到皮莱茨基的领导下。我们可以设身处地地想一下，如果是我们身处那样的人间地狱，熬过每一天都已经需要极大的毅力和勇气，而皮莱茨基及其伙伴还在时刻准备着，为自由而斗争。

除了组织大家之外，皮莱茨基的另一项工作就是搜集信息，一旦有机会就把这些情报送出去。10月，有囚徒被释放或成功逃跑，皮莱茨基的第一份报告被送到了波兰家乡军手中，描述了奥斯维辛集中营的真实情况，以及正在进行的大屠杀。家乡军把这些信息传送到了英国。皮莱茨基及其伙伴还费尽心思地拼凑、偷窃和改装零部件，花了7个月时间，"手搓"了一台简易的无线电发报机，向外界传送奥斯维辛的情况。但后来担心被叛徒出卖，为了安全起见，皮莱茨基不得不在1942年秋季拆毁了发报机。在这段时间，西方盟国得知奥斯维辛集中营真相的主要渠道就是皮莱茨基。

皮莱茨基希望外界得知真相后，会有所作为，来营救身陷奥斯维辛的囚徒。他希望盟军会向奥斯维辛空投武器，或发动空降作战，或者波兰家乡军会来劫狱。可惜，由于种种原因，这些想法都没有实现。与此同时，德国人也在加紧侦测集中营内部的抵抗组织，皮莱茨基的不少伙伴因此被杀害。为了避免最糟糕的结局，他决定越狱，希望能够以一名波兰军官的信誉劝服外界，向奥斯维辛集中营发起进攻。

皮莱茨基的结局

1943年4月26日夜间，皮莱茨基被安排在集中营铁丝网外的一座面包房劳动。机会来了！他和两名伙伴一起，强行打开一扇铁门，制服了一名警卫，切断电话线和警报器的电线，把几名党卫军警卫锁在一间小木屋里，而后成功逃出奥斯维辛集中营的管辖范围。

我们今天经常误以为奥斯维辛集中营是个完全与世隔绝的密闭空间。实际上，由于德国看守的腐败、无能、懈怠，以及皮莱茨基这样的人的聪明才智和大无畏精神，历史上至少有802人尝试越狱，至少有144人成功逃出。1944年10月7日，被强迫操作毒气室的犯人甚至发动了一次起义，可惜失败了。

皮莱茨基和两名伙伴一路逃亡，得到了多名老百姓的帮助和掩护。有一次，他差点被德军追上，子弹打穿了他的衣服，但没有伤到骨头或要害。最后，皮莱茨基终于和家乡军的同志们取得了联系，并写了一份关于奥斯维辛集中营的报告，埋在一座农场里。他死后，这份报告才被发现。

皮莱茨基还写了一份《W报告》，记载奥斯维辛内部抵抗组织的情况，包括人员名单，也记录了包括犹太人在内的犯人被屠杀的情况。他希望能够说服家乡军发动武装进攻，去解放奥斯维辛。但家乡军高层认为这么做的风险太大。即便成功了，家乡军也没有力量和资源去转运、照料和保护那么多囚徒。但是，皮莱茨基不甘心就这么放弃集中营里的伙伴们，这给他造成了极大的痛苦。

1944年8月华沙起义爆发后，皮莱茨基立刻参战，可惜于10月2日被德军俘虏。因为他是正规的波兰军官，所以没有被杀害，而是被关入位于德国巴伐利亚的一座战俘营，在那里于1945年4月29日被美军解救。

战争虽然结束了，但波兰依然前途未卜。主要有两股势力在较劲，一是得到西方支持的波兰流亡政府，包括在西线作战的波兰军队；二是得到苏联支持的波兰共产党。这两派对波兰的未来设想是迥然不同的。皮莱茨基加入了西线波兰军队的情报部门，于1945年12月奉命返回波兰，调查苏联红军控制下的波兰的情况。此时，在西方的波兰人与波兰本土的共产党政权的关系已经势如水火。皮莱茨基此次返回波兰，相当于潜伏敌境，做地下工作。

1948年5月25日，皮莱茨基被波兰共产党枪决。

第九章

虞美人与遥远的桥

★

阿纳姆，1944

2023年11月的一个清晨，我从阿姆斯特丹乘火车去阿纳姆，继续我的二战寻迹之旅。

下了火车，搭乘公交车。因为习惯了德国那种只要拿着月票就可以在公交系统畅通无阻的制度，我在阿纳姆遇到一点麻烦，就是没找到买公交车票的机器，也没找到网上购票的App。听说可以上车后直接刷Visa信用卡，但我还没试过，也不确定中国发行的Visa卡在这个荷兰小城市的公交车上能不能用。

在公交车司机那里刷了卡之后，一切正常，我就安心坐下。这时，车上一个亚裔面孔的女生用美国口音的英语对我提醒道："别忘了，下车时还要再刷一次，否则会扣全程的钱。"我道了谢。虽然觉得她长得很像中国人，但我没有贸然去认同胞。

跟不上的后勤

1944年6月，二战发生重大转折。之前德军尚能勉强维持战局，如今在东西两线差不多同时遭到毁灭性打击。在西线，英美等国军队于6月6日发动"霸王行动"，登陆法国诺曼底，粉碎了希特勒企图凭借"大西洋壁垒"阻挡盟军的幻想。盟军于8月冲出诺曼底之后，很快就轻松解放了巴黎，随后解放法国大部分领土，势如破竹，气贯长虹。

在东线，苏联红军于6月22日（也就是三年前德国入侵苏联的"巴巴罗萨行动"的同一天）发动"巴格拉季昂行动"，以泰山压顶之势，迅速击垮了德军中央集团军群的数十万大军。德军在东西两线都兵败如山倒，精锐部队损失惨重。明眼人一望即知，第三帝国气数已尽。

9月，西线盟军又解放了比利时。西线德军的残兵败将撤到荷兰南部和德国西部。盟军产生了非常乐观的情绪，认为胜利就在眼前，"圣诞节前"即可结束战争。

宜将剩勇追穷寇。但到了这个时候，阻碍盟军前进的，已经不是德军的负隅顽抗，而是盟军自己的后勤问题。

登陆点诺曼底距离英国较远，而且没有合适的港口，所以盟军登陆之后，从英国运送补给物资到前线，主要依靠的是在诺曼底海滩修建的临时简易码头，而这些码头的运作能力有限，又很容易遭到大风大浪的破坏。盟军虽然占领了比利时的安特卫普这样的大型港口，但那里的沿海地区仍然被德军控制，所以港口发挥不了作用。

因此，盟军的物资补给出现困难。涓涓细流般的补给，致使盟军的强大战斗力很难全部发挥出来。

战略分歧

除了补给问题，就下一步的战略，盟军内部也有分歧。

盟军最高统帅艾森豪威尔的想法是，按照诺曼底登陆之前就拟订的计划，按部就班，多路部队齐头并进，跨越莱茵河，攻入德国本土。这个想法是比较稳妥的，但方方面面都要照顾到，资源就要相对平均地分配给各路部队。

但英美双方都有一些将领寻求"重点突破"，当然是由自己来唱主角，所以有限的补给资源应当优先

★ 伯纳德·劳·蒙哥马利

★ 德怀特·戴维·艾森豪威尔

给他们。布莱德利和巴顿等美军将领主张继续东进，取道法国东北部的重镇梅斯，杀入德国西部的萨尔工业区。

而英军的蒙哥马利元帅认为，应当从比利时集中兵力向北，进攻荷兰，然后从荷兰闯入德国的工业重镇鲁尔区，而后直捣柏林。

蒙哥马利是个非常有个性、有脾气的人，傲慢自负，喜欢当主角，经常与别的将领争抢风头。他和美军几位主要将领的关系都不太好，尤其和巴顿水火不容。如今，这两位脾气火暴的大将都渴望第一个跨过莱茵河，攻入德国本土。重大军事问题掺杂了私人竞争。艾森豪威尔作为最高统帅，则尽量在蒙哥马利、布莱德利与巴顿之间充当和事佬。

蒙哥马利提出了一个大胆的方案：通过一系列的空降作战，在荷兰的阿纳姆附近跨越莱茵河。他还有一个额外的理由，那就是德军此时正从荷兰北部发射V2火箭（世界上最早投入实战的弹道导弹）轰炸伦敦，所以英国人自然想尽快控制荷兰，剥夺德军的火箭发射场。

蒙哥马利的计划

蒙哥马利的计划就是后来的"市场花园行动"，分为两部分。

1.市场行动：英美和波兰的空降兵将发动一系列空降作战，占领荷兰多条河流上的重要桥梁，为地面部队开路。具体来讲，美军第101空降师（《兄弟连》的主角）负责占领埃因霍温附近的桥梁，美军第82空降师负责占领奈梅亨附近的桥梁，英军第1空降师的任务目标最靠北，负责占领阿纳姆附近的桥梁，为地面部队开路。这三个关键节点必须全部打通。可想而知，越靠北，就越深入敌境，也就越危险，所以英军第1空降师的任务最艰巨。

2.花园行动：以霍罗克斯中将指挥的英军第30军为主的地面部队从比荷边境向北推进，通过空降兵预先占领的桥梁，直至攻入德国本土。

"市场花园行动"的计划是非常大胆的，一旦成功，就能大大推动盟军在西线的进展，快速攻入德国本土。

不过，该计划的风险也很大，需要空降兵与地面部队严丝合缝的紧密配合，这很难完美实现。如果地面部队的进展不够迅速，导致空降兵在敌后孤立无援的时间太长，空降兵就可能被敌人吃掉。而且，大家知道，荷兰这个国家地势低洼，有大量错综复杂的河流和运河，道路狭窄，不适合装甲部队运作。所以蒙哥马利的想法未免有些冒进。

但此时的盟军极其自信，认为德军从7月到8月经历了一连串的溃败，已是千疮百孔的朽木，不足为虑。

虞美人

　　我在奥斯特贝克村（Oosterbeek）下车后，还需要步行10分钟才能到达目的地——哈滕施泰因空降兵博物馆（Airborne Museum at Hartenstein）。秋高气爽，令人心旷神怡，枝头已经染上金黄，但草坪仍是青翠欲滴。没多远就看到高耸入云的纪念碑，不远

处还有两尊青铜像，是一个头戴贝雷帽的英国伞兵，牵着一个小女孩的手。不知是谁在伞兵的手里塞了一朵鲜红的虞美人。

　　熟悉两次世界大战历史的朋友都知道，虞美人是欧美（尤其是英国）纪念阵亡将士时常佩戴的花。那首名诗《在佛兰德

★ 头戴贝雷帽的英国伞兵，牵着一个小女孩的手

战场》（In Flanders fields，开篇首句为"在佛兰德战场，虞美人盛开"）还被谱成曲，成为经久不衰的战争哀歌。不过，中文世界常有人将虞美人误认为罂粟花（二者确有亲缘关系，但毕竟是不同的植物），产生文化意象上的混淆。

空降兵博物馆就在不远处，原本是一栋乡村别墅，始建于1865年。走到门前，我又遇到了刚才在公交车上好心提醒我的女生。原来她也是来参观空降兵博物馆的。聊了几句，她说自己是印尼裔，在鹿特丹出生和长大，这几天休假。

印尼人生活在荷兰，这很符合逻辑，因为印尼在1949年之前是荷兰的殖民地。我问："那么，阿纳姆战役这段历史，你在成长过程中，在中小学里，肯定早就熟悉了吧？"

★ 纪念碑前的虞美人花环

她说，学校里讲过，这件事情对荷兰人来说还是非常重要的。

救火元帅

蒙哥马利失算的是，"百足之虫，死而不僵"，德军生命力之顽强超出了盟军的想象。希特勒把自己宠爱的猛将莫德尔元帅从东线调到西线，让他担任B集团军群总司令，主持西线作战。莫德尔在东线的时候表现突出，好几次挽狂澜于既倒，被称为希特勒的"救火队长"。希特勒希望莫德尔这次在西线也能成功"救火"。

莫德尔准确地判断，盟军将会北上进攻荷兰（而不是向东进攻德国西部），所以争分夺秒地抽调增援部队，构建防御工事，制订预案。

凑巧的是，武装党卫军的两个装甲师——第9"霍亨施陶芬"装甲师和第10"弗伦斯贝格"装甲师（大作家君特·格拉斯不久之后到这个师服役）正在荷兰阿纳姆地区休整。这两个党卫军装甲师是在诺曼底战败之后撤下来的，之前损失惨重，现在还没有恢复元气，两个师加起来不到7000人，坦克也很少。但这些党卫军都是经验丰富的老兵，而且专门接受过反空降作战的训练，另外还不断得到增援。所以，荷兰境内德军的实力要远远超过蒙哥马利等人的预期。虽然盟军内部也有人提出异议，并指出德军两个装甲师就在阿纳姆，如果派轻装的空降兵去阿纳姆无异于羊入虎口，但蒙哥马利等人置之不理，甚至命令让这些发出警示的"乌鸦嘴"休假。

就这样，蒙哥马利贸然发动了进攻。盟军6万多名精锐的空降兵前途未卜。

体验当一次空降兵

参观哈滕施泰因空降兵博物馆的第一个环节，就是互动式体验"市场花园"行动首日盟军空降兵的经历。第一个房间布置得酷似C-47运输机的舱室，长凳上坐着十几个全副武装的伞兵，当然都是蜡像假人。游客可以选择坐在"他们"当中。我刚刚坐定，整个"机舱"就震动起来，广播里听到飞行员紧张的无线电通话、长官声嘶力竭地发号施令和士兵们的呐喊应答。气氛扣人心弦，临场感拉满。仿佛我就是一名伞兵，即将飞往阿纳姆上空。

不久之后，德军的高射炮开始轰击。机舱不断抖动、倾斜，红色警示灯闪烁，刺耳的警报声响起，飞行员以焦急的语气命令大家坐稳扶牢。虽然二战时期的高射炮射击精度很差，甚至有"防空防空，十防九空"之说，但只要火力足够密集，即便是瞎猫也能逮着死耗子。听到机舱外不断传来爆炸声，原来有倒霉的友军飞机被高射炮击中了。最后，长官高声下令：准备跳伞！

这个互动环节设置得非常有趣，我在《荣誉勋章》《使命召唤》《战地》之类的二战题材射击游戏中也体验过伞兵空降的情节，但那毕竟是在电脑屏幕上，如今我自己就在（当然是模拟的）机舱里，感觉自然与电子游戏大不相同，肾上腺素真的在飙升。

到下一个环节，我已经和"战友们"安全降落，随后就开始了战斗。可以看到吉普车、奔劳跑去的伞兵，以及天空中仍然像无数个白色蘑菇一样徐徐落下的降落伞。听到德军不同口径高射炮的射击声、机枪的嗒嗒声，以及双方士兵用英语和德语的呼喊，这确实是一次精彩纷呈、真实感很强的大型真人战斗模拟体验。

但这毕竟是游戏，我怎么样都不会死，不会受伤。当年真枪实弹地拼杀的伞兵们就不一样了。

市场花园行动

市场花园行动于1944年9月17日开始。因为盟军已经完全掌握制空权，德军的高射炮火也不算猛烈，所以盟军空降兵的损失很少。但由于天气原因以及运气不好，再加上有的空降场设置得离目标桥梁较远，所以空降兵着陆之后必须花不少时间，徒步前往目标。

这种复杂的多线作战特别需要紧密配合，但是空降兵的无线电设备又出了很多故障。有人说是因为当

★ 英军第1空降师在荷兰上空降落

地地下蕴藏的铁矿的干扰，也有人说是因为无线电设备多次充电放电，不堪重负。总之，从一开始就出现了不吉利的信号。

更糟糕的是，与盟军的设想不同，德军并没有措手不及、一触即溃，而是迅速行动起来，攻击落地的盟军空降兵。

按照计划，霍罗克斯的第30军装甲部队应当快速北上，与空降兵会合，控制桥梁。

三个桥梁节点中最南边的那个——埃因霍温——比较容易搞定，美军101空降师轻松占领了这里。大家如果看过《兄弟连》，一定记得美军在那里受到了荷兰民众的热烈欢迎。霍罗克斯得以长驱直入，进展顺利，抵达第二个节点奈梅亨的时间比原计划早了36个小时。

然而，负责打通奈梅亨桥梁的美军第82空降师遇到出人意料的激烈抵抗，未能及时占领桥梁。于是第30军和两个美军空降师不得不停在奈梅亨，努力往北进攻。

荷兰地形复杂、到处是水道，第30军只有一条狭窄的公路可走，而且这条公路的地势比较高，而公路两侧的田地松软，不适合车辆通过。大量的坦克、装甲车、卡车、大炮只能走这么一条尴尬的公路，很容易造成交通堵塞，尤其是在遭到敌人阻击的时候，车辆就被堵在高高的路上，如同瓮中之鳖般白白挨打。在这条路沿线发生了许多激烈战斗，后来人们把它称为"地狱公路"。

盟军英勇奋战，但第30军还是前进缓慢，最后

★ 厄克特少将指挥作战

虽然突破了奈梅亨，但耽误了三天时间。

与此同时，英军第1空降师已经降落到了阿纳姆，但第30军迟迟不来会师。德军反而得以从容地调兵遣将，把阿纳姆包围得水泄不通。第1空降师就成了一支孤军。

在市场花园行动中，哈滕施泰因别墅是英军第1空降师的师部所在地。今天在博物馆内可以看到第1空降师师长罗伊·厄克特少将（在电影《遥远的桥》

中由大明星肖恩·康纳利扮演）指挥作战的人偶，以及英、德、美、波等国参战部队留下的钢盔、制服、武器装备等，其中我觉得最有意思的是降落伞和用来空投轻武器的载具。这个博物馆无疑是军迷的天堂。

博物馆背后还有一座较小的纪念碑，上面的文字大意是英国军队向当地人民表示感谢："我们带来了死亡和毁灭，你们却从未怪罪我们。"

这一点很有意思，因为在二战期间，荷兰被德国占领，绝大多数荷兰人仍然坚定地站在盟军那边，组织了强有力的地下抵抗组织，冒着巨大风险帮助营救被击落的盟军机组人员，配合盟军特工的敌后行动。尤其是在阿纳姆战役期间，当地平民积极地协助盟军。在英军拼死作战期间，荷兰平民想方设法地帮助他们，特别是照料伤员和保护落单的官兵。盟军的空袭和地面作战，肯定给荷兰平民造成了巨大的人员伤亡和财产损失，但荷兰人对盟军丝毫没有怨言。相比之下，不少法国平民对前来解放他们的盟军十分冷淡和抗拒，抱怨盟军的空袭炸毁了民宅和基础设施。荷兰人则表示，欢迎盟军的飞机来轰炸。

★ "我们带来了死亡和毁灭，你们却从未怪罪我们。"

　　阿纳姆战役结束，盟军败退，荷兰人便遭到了德军的凶残报复。阿纳姆城的大部分房屋被德军摧毁，数万名荷兰百姓流离失所。这年冬季，德军停止向荷兰输送粮食，导致成千上万的荷兰平民饿死。因此，1944年的冬天在荷兰被称为"饥饿的冬天"。

空降兵公墓

告别了哈滕施泰因博物馆和印尼女生，我步行前往奥斯特贝克的空降兵公墓。可惜错过了公交车，谷歌地图上说下一趟要等30分钟，我看步行也需要30分钟，干脆走过去。经过的小镇非常宁静，房屋雅致，显然是富裕的社区。

有意思的是，不少住宅上悬挂着紫红色的珀伽索斯飞马旗。珀伽索斯是希腊神话中的带翼天马，载着英雄柏勒洛丰。二战中的英国空降兵就用珀伽索斯作为自己的标志。玩过《使命召唤2》的朋友肯定记得，玩家要扮演英国空降兵，参加1944年6月5日夜间的诺曼底大空降，夺取并防守一座战略桥梁。在游戏里，一小队英国空降兵要面对包括坦克在内的大群德军，玩起来难度不小。那当然只是个电脑游戏，但故事情节基本符合史实。后来法国的那座桥梁就被称为珀伽索斯桥。

英国的"飞马"英雄们在诺曼底经受住了考验，建立奇功，可惜在阿纳姆就折戟沉沙。但所谓不以成败论英雄，荷兰人对他们还是很感激的。我来的这一天并不是什么重要的纪念日，当地却有很多房屋悬挂着珀伽索斯飞马旗，大概因为这已经成为当地历史记忆的一部分。

查看谷歌地图，我距离公墓已经很近了，走到地图上的终点时，眼前却还是树林和独栋别墅，并无公墓的迹象。正为此犯愁，只见一位全身披挂整齐的骑行老爷爷经过。我上前用英语问他，公墓在哪里。

我的运气得有多差，居然遇上了一个罕见的不懂英语的荷兰人。我灵机一动又用德语问了一遍。这回他听懂了，用手指了指："Rechts（右边）！"

原来，公墓其实就在我所站立位置的右侧，但是被一条长长的密不透风的树篱遮挡住了。我只能绕道过去。真是看山跑死马。

空降兵公墓坐落在一片树林里，气氛肃穆，除了我之外，只有两名游人。1700名英联邦军人和79名波兰军人长眠于此。放眼望去，尽是白色的墓碑，排列整齐，仿佛在接受检阅。墓碑上刻有死者的个人信息。例如，14311885号是D.安德鲁斯中士，英国航空兵部队的滑翔机驾驶员，阵亡日期是1944年9月21日，年仅22岁。墓志铭为："时光会黯淡和流逝，但对你的思念永存。"不少墓碑前摆着鲜花、蜡烛和照片，看样子近期有人来祭奠过。

波兰阵亡将士的墓碑聚集在一个角落。我注意到，其中一座墓碑上只是简单地写着"1939—1945年

★ 无名的波兰将士墓

战争中的一位波兰士兵，阵亡于1944年9月"，下面镌刻着代表波兰的白鹰。不知道这个波兰士兵姓甚名谁，也不知道他的家乡在何处，是否还有亲人在怀念他。

波兰空降旅的故事是非常悲剧的。1944年8月，被德军占领的波兰首都华沙发生了大规模起义，城内陷入血腥的混战。远在英国受训的波兰空降兵们摩拳擦掌，渴望赴往华沙参战，支援正在鏖战的同胞。

然而，盟军高层认为路途太遥远，从英国起飞的飞机很难抵达华沙然后安全返回，苏联人也不愿意提供机场来配合。想到同胞们正在遭受德军残杀，自己却在英国束手无策，许多波兰空降兵无比绝望和悲愤。英国甚至以解除波兰空降旅的武装作为威胁，勒令他们服从盟军高层的命令。旅长斯坦尼斯瓦夫·索萨包夫斯基（Stanisław Sosabowski）虽然内心也无比痛苦，但还是以大局为重，告诫大家暂且忍耐，服从上级命令。直到战争结束后，索旅长才得知，自己的儿子在华沙起义中负伤，双目失明。

在市场花园行动的筹备阶段，索旅长就多次提出质疑，认为这个计划过于鲁莽，但都被高层轻蔑地驳回。一个波兰人，况且只是一个小小的旅长，竟敢质疑英美众多高级将帅（尤其是蒙哥马利元帅）的智慧，太放肆了！

波兰空降旅在阿纳姆战役中表现非常出色，曾多次顶着敌人的火力，强渡莱茵河去支援被困的英军，最后还负责掩护英军残部撤退。此役中波兰旅共伤亡590人，相当于全旅的25%。但是战役结束后，恼羞成怒的蒙哥马利居然把波兰人当作替罪羊，责怪他们作战不力。索旅长因此被撤职。

战后，荷兰女王威廉明娜想正式感谢波兰空降兵为解放荷兰所做的贡献，但被荷兰首相拒绝了，理由是怕得罪苏联，因为这些波兰空降兵效忠于伦敦的波兰流亡政府。直到2006年，波兰人才从荷兰政府那里得到迟来的感谢。

遥远的桥

我此行的最后一站是莱茵河上的阿纳姆大桥，它是英军第1空降师的目标、战场和煎熬之地，也就是著名的"遥远的桥"。同名电影已经是一部不朽的经典。

因为已经距离入海口不远，所以莱茵河在这一段的河面相当宽。可能是阴天的原因，河水灰蒙蒙的，个人觉得远远没有德国境内的中游（"浪漫的莱茵河"）那么秀美，而是显得苍凉和肃杀。

我以前一直疑惑，被围困的数千英军为什么不能游泳逃生，而是白白被德军俘虏？来到现场，看到这段五六百米宽的河面和周围无遮无挡的地形，我就明白了。即便你水性再好，也几乎完全不可能在敌人的火力压制下安全游到对岸。

桥头有一个小小的博物馆，我在里面坐了一会儿。一名导游在用英语讲述当年的战事。我听了一下，讲得挺不错。

前面已经介绍了美军两个空降师和英军地面部队

★ 阿纳姆大桥今昔

的情况，现在我们回过头去，再看看英军第1空降师
的进展。

9月17日，由于飞机运力不足，第1空降师下辖
的3个旅当中，首批只在莱茵河以北降落了2个旅。
一个旅负责保卫降落点，掩护后续部队的降落，另一
个旅（第1旅）负责攻占阿纳姆大桥。由于地形不利，
附近又有德军的高炮阵地，所以空降地点与目标还有
十几千米。你想想看，降落之后还要徒步十几千米，
这期间的变数实在太多了。18日，第3个旅降落。暂
时归属厄克特指挥的波兰空降旅到19日才降落到了
莱茵河以南，与大部队隔着河，很难呼应。

由于各单位的位置过于分散，而且无线电设备出
了故障，很难把力量攥成一个拳头。英军主力遭遇了
敌人的优势兵力，被困在奥斯特贝克村（也就是我
参观的哈滕施泰因博物馆所在地）。实际去争夺阿纳
姆大桥的英军只有第1旅第2营营长约翰·弗罗斯特
（John Frost）中校指挥下的约700人，而且只有轻
武器。

由于兵力和火力都不足，弗罗斯特的2营在17日

当天只占领了大桥北端的碉堡，还有附近的十几栋民居，大桥南端仍然被德军把控。

18日早晨，放哨的2营士兵在屋顶突然大喊："坦克！我们的坦克来了！"弗罗斯特闻言心花怒放，但随即大失所望，来的不是第30军，而是德军的装甲部队！准确地说，是维克多·格莱布纳（Viktor Gräbner）上尉指挥下的党卫军第9"霍亨施陶芬"装甲师第9装甲侦察营。几辆坦克和十几辆装甲运兵车快速沿着大桥从南边冲过来。电影《遥远的桥》里，格莱布纳从装甲车中探出身子，不惧枪林弹雨，形象十分伟岸。他是德军的战斗英雄，前几天刚刚获得德军的高级荣誉——骑士十字勋章。

2营缺乏有效的反坦克武器，只得在近距离用类似于火箭筒的PIAT榴弹发射器与敌人的装甲车"肉搏"，打得最前边的几辆装甲车起火爆炸。因为路很窄，德军后边的装甲车没法前进，本想要猛冲，强行撞开一条路，结果更多的车撞在了一起，乱作一团。德军的进攻被打退了。第9装甲侦察营的22辆装甲车被摧毁了12辆，豪情万丈的格莱布纳也命丧黄泉，但英军也损失惨重。

此后，德军不断得到增援，而英军2营的兵力不断减少，并且陷入重围。第1空降师的其他单位都陷入苦战，虽然多次努力来支援桥头的2营，但都失败了。如果说第1空降师是一个被德军包围的孤岛，那么2营就是孤岛当中的孤岛。

大桥周边的德军用迫击炮、大炮及坦克群猛轰2营控制的北岸，有条不紊地轰塌每一座民宅。2营死战不退，但整个阵地都在德军射程范围内，致使2营伤亡激增，阵地不停缩小，药物、食物和水都很短缺。但英军伞兵仍然表现出了惊人的勇气。

2营的先锋——A连的连长迪格比·塔瑟姆-沃特（Digby Tatham-Warter）少校是一个传奇式的"狠人"，也是个别出心裁的怪人。他在市场花园行动开始之前就

★ 传奇少校塔瑟姆-沃特

对无线电设备的可靠性有所质疑，于是嘱咐部下学习使用军号来互相联络，后来果然派上了用场。他还在战场上携带一把雨伞，据说是为了表明自己的身份，因为"只有英国人会随身带雨伞"。在阿纳姆的激烈战斗中，塔瑟姆-沃特不戴钢盔，而是戴着显眼的红色贝雷帽，在枪林弹雨中穿梭时挥舞着雨伞，泰然自若。有一次，他还戴着圆顶大礼帽，率领伞兵向敌人发起刺刀冲锋。他的雨伞一度还发挥了重要作用。面对德军的一辆装甲车，他将雨伞插入装甲车的观察孔，猛戳驾驶员的眼睛。还有一回，英军的牧师企图冲过一条街道去搭救负伤的士兵，结果被敌人的火力压制得动弹不得。塔瑟姆-沃特少校举着雨伞，掩护牧师过了街。有人说雨伞在战场上没用，塔瑟姆-沃特则幽默地回答："要是下雨了怎么办？"他后来也负了伤，但坚持领导A连一直打到最后一枪一弹。

德军在20日一整天持续消灭包围圈内残余英军，基本控制大桥北端，甚至大方地允许英军救护兵运送伤员，通过阿纳姆大桥南端的德军阵地，到更南方的奈梅亨英军医疗站救治。桥上英军电台发出的最后一则信息是："弹药耗尽，天佑吾王。"

第1空降师血战多日后，弹尽粮绝，不得不在9月27日向德军投降。6000名英国空降兵有一半是伤员，被德军俘虏。只有2000名英军在莱茵河南岸波军的拼死相助之下，逃出生天，盟军其他部队也不得不撤退。市场花园行动就这样惨然落幕。蒙哥马利的豪赌以失败告终，但他厚着脸皮说，这次行动成功了90%。

阿纳姆直到1945年4月14日才得到解放。

第十章

元首地堡与犹太碑林

★

柏林，1945

1945年11月，专门研究16—17世纪英格兰历史的牛津大学研究员休·特雷弗-罗珀（Hugh Trevor-Roper）接到了一项与他的专业背景没啥关系的任务：去调查希特勒是不是还活着。

如果不是因为二战，特雷弗-罗珀很可能一辈子都在牛津大学的象牙塔里做研究，不会"出圈"。但在二战爆发后，他被英国情报部门招募，成为情报人员，最终军衔是少校。英国的情报部门有招募知识分子的传统，比如小说家格雷厄姆·格林和伊夫林·沃都曾做过情报工作。"007"詹姆斯·邦德的创作者伊恩·弗莱明也曾在二战期间担任特工。

几个月前的1945年4月30日，在苏联红军已经占领柏林绝大部分地区之际，希特勒在柏林的帝国总理府地堡内自杀，几天后德国正式投降，二战的欧洲战事宣告结束。苏联人控制了柏林，仔细检查了总理府地堡，通过牙科记录确认了希特勒已死，并将希特勒的骨骸秘密藏起来，同时把相应证据送到莫斯科的斯大林手中。

但是，斯大林并没有把这些证据与他的西方盟友分享。战争既然已经结束，德国被打垮了，苏联和英美的盟友关系还能维持多久，是个大问题，所以斯大林必须留一手。果然，苏联方面不久之后就开始散播谣言，说希特勒还活着，并被西方盟国藏匿了起来。

因此，西方盟国必须开展自己的调查，确认希特勒是不是已经死了。在此背景下，英国情报部门委派了一位他们信得过的历史学家，去调查这个问题。

围困柏林

1945年初，苏联红军向德军发动了大规模攻势，一口气打到柏林以东60千米的地方。此时的德军已经是千疮百孔，兵员、武器、弹药、医药、车辆、燃油等没有一样不缺，战斗力也远远不能与1940—1941年的鼎盛时期相比，但基本上还能够保持秩序，拼死抵抗，没有发生大规模哗变或投敌的现象。一个重要原因在于，此时他们就在自己的国土上打仗。

西方盟军此时也已经进入德国境内，但还没有进攻柏林的打算，因为他们认为那样一来伤亡会太大，得不偿失。不过英美方面对苏联红军攻打柏林也提供了很大的帮助，主要是通过空袭。1945年美国陆军航空队对柏林发动了规模庞大的昼间轰炸；英国皇家空军连续36个晚上轰炸柏林，直到1945年4月20日与21日间红军进城前才停止。

斯大林对柏林志在必得。他调动了3个方面军（司令员分别是朱可夫、罗科索夫斯基和科涅夫，这三位都是才华横溢的名将）来进攻柏林，总兵力达到230万人（包括15万—20万的波兰军队），装备6000辆坦克和自行火炮、7500架飞机、41 000门大炮，其中直接攻打柏林城的就有150万人。

而德军方面只能出动76万人、1500多辆装甲战斗车辆、2000架飞机和9000门大炮，其中负责防御柏林城的只有45 000人。此外还动员了数万名警察、希特勒青年团和所谓的人民冲锋队，其中包括大量几乎完全没有受过军事训练的平民，甚至还有60多岁的老人和十几岁的孩子。纳粹德国已经在做垂死挣扎。

希特勒原本打算离开柏林，但在4月12日有消息传来：美国总统罗斯福去世。希特勒幻想同盟国会因此分崩离析，柏林还有救，于是决定留在柏林总理府的地堡内。

寻找地堡

2023年一个阳光明媚的日子，我在柏林市中心的勃兰登堡门附近漫步，寻找所谓的"元首地堡"，就是当年希特勒殒身的地方。

★ 勃兰登堡门。其设计灵感源于雅典卫城的柱廊建筑

在谷歌地图上搜索Führerbunker立刻就能查到，但循迹而去，却什么都找不到。只能看到普普通通的居民楼、袖珍的儿童游乐场，甚至还有一座垃圾站，墙上满是涂鸦。选择了"步行导航"，绕来绕去，结果还是没有找到。

满头大汗之际，我看到一群大大咧咧、毫无顾忌地用大嗓门讲话的游客，显然是美国人。莫非他们也是来寻找元首地堡的？我跟了上去。果然，领头的导

★ 难以寻觅的元首地堡遗迹

游在一处空地上停下了。这个地点，我刚才已经绕了七八次，完全没发现有什么特别之处。只见周围是一个不大的停车场，中间有一块不起眼的泥土地，有围栏把它圈起来。围栏非常矮，不到我的膝盖高。旁边立着一个不起眼的指示牌，我之前压根没有注意到。

美国导游眉飞色舞地说："伙计们，就是这里了。这里就是希特勒死亡的地方。当时苏联人已经打到了那里——"他虚晃一枪，指了指大概100米之外的地方。

既然得到了导游的确认，我就不用再听他介绍了，我已经在书本上读过有关柏林战役以及希特勒最后日子的故事。

史家的调查

特雷弗-罗珀以英国情报军官的身份，亲自审讯了多名从元首地堡脱逃至西方阵营的纳粹官员、军人和秘书等，并依托了数百名西方盟军情报人员对德国人的审讯记录；当然，他接触不到苏联方面的资料。最后，他于1947年出版了著作《希特勒的末日》

（*The Last Days of Hitler*），先后推出6个修订版及多语种版本。特雷弗-罗珀得出的明确结论是：希特勒确实死了，并没有逃出地堡，更没有潜伏到南美或其他地区。另一方面，他认为希特勒的独裁统治并非高效统一的机器，而是派系倾轧的大杂烩。《希特勒的末日》不仅是第一手的现场调查，也是绝佳的历史研究著作，加之文采斐然、气势磅礴，颇具英国史学大家（吉本、麦考莱、休谟等）的风格。

2019年，在伦敦市中心的一家咖啡馆，我采访了以研究二战闻名、出版了多本畅销书的英国历史学家安东尼·比弗爵士。他的《斯大林格勒》和《柏林1945》都已经跻身经典的行列。尤其是《斯大林格勒》，我早年学习英文时曾反复研读，受益匪浅。几年前我去伏尔加格勒的时候，还特意带上了我那本快翻烂的英文版《斯大林格勒》。

比弗身材不高（毕竟是坦克兵嘛），头发斑白，目光炯炯，一点架子都没有，像个和蔼可亲的邻居小老头，上来就问我要喝香槟还是咖啡。我选了香槟。寒暄几句后，我问他在写书之余还做些什么。他说，他最近在养羊驼当宠物。

比弗出身于军人和作家世家。他的父亲在二战期间是英国秘密情报机构和特种部队"特别行动处"（Special Operations Executive）的军官。据说比弗幼年成绩不好，没有上大学，而是就读于桑赫斯特皇家军事学院（可以说是英国的西点军校），后来成为装甲兵军官，于冷战时期在西德服役。在历史学家，即便是军事历史学家当中，亲身有过军旅生涯的人恐怕也不多。

我问他："上世纪60年代末您在西德驻扎。生活在冷战前线是怎么样的感受？"

比弗说："有意思的是，现在有些俄罗斯人利用我曾在西德服役这一点来污蔑我，说我仍然沉迷于冷战，所以反俄辱俄。实际上，因为驻德英军的轮换制度，我在西德只待了一年半，但某些俄罗斯人说我在那里待了5年，甚至更久。除了这一点，那个时代显然是非常有意思的。我们经常驾驶装甲车，携带全部武器弹药在东西两德的边境上巡逻。某些时刻，战争仿佛一触即发。对我来讲，这是一段难忘的、有价值的经历。"

我们的话头转向了二战，那就难免提到研究二战史的老前辈特雷弗-罗珀。比弗说，特雷弗-罗珀去世不久前，在一次宴会上他们二人正好挨着坐。特雷弗-罗珀问比弗，他的书《希特勒的末日》在今天是否仍然有读者。比弗认为，除了后来他在苏联档案馆发现的少量有关柏林战役的新材料，《希特勒的末日》仍然处于相关研究的最前沿。比弗对这本书没有任何批评，盛赞它是非常了不起的成就。

我又问："您在西德的时候，纳粹国防军和武装党卫军的很多将军和军官仍然在世，您有没有去探访他们，记录历史资料？"

比弗说："我服役的时候没有。后来我开始写作军事历史时，采访了很多这样的人。通过朋友的关系，我认识了一些在希特勒的最后几个月和他一起待在元首地堡里的人，比如贝恩德·弗莱塔克·冯·洛林霍芬（Bernd Freytag von Loringhoven）将军，他在1945年是古德里安的副官，也是最后离开希特勒地堡的人之一。还有地堡的电话接线员罗胡斯·米施（Rochus Misch），他曾亲眼看到希特勒和爱娃的尸体。这些人都是历史的亲历者，但和他们交流，记录和分析他们的证词的时候，必须高度谨慎。

"哥伦比亚大学曾做过一个有名的试验。在九一一事件的第二天，即2001年9月12日，有位教授让他的若干学生写下对前一天事件的印象。10年后，教授让学生再写一次对九一一事件当天的印象。结果，学生写下的内容与他们10年前所写大相径庭，互相矛盾。人类的记忆是一种复杂而非常不可靠的机制。

"所以，从历史亲历者那里获取口述资料是件如履薄冰的事情。即便他们真诚地相信自己说的是事实，他们的记忆也往往是不可靠的。不过，从文字资料和口述当中获取一些细节的真实是完全可能的，而口述历史能够帮助我们更好地理解那些人的情感。"

泽洛高地

奥得河是守卫柏林的最后一道天然屏障，过了这条河，再往西不远就是柏林。在奥得河西岸的泽洛高地（Seelower Höhen），德军修筑了坚固的防御工事，并将上游的水库泄洪，把原本就因为春季融雪而泥泞不堪的奥得河冲积平原变成了一大片沼泽。

　　1945年4月16日早晨5点，朱可夫元帅的白俄罗斯第1方面军开始进攻泽洛高地，动用了将近9000门大炮、重型迫击炮和火箭炮，猛轰了两个小时。这是二战期间最猛烈的一次炮击，仅仅一天就发射了123万发炮弹。60千米之外柏林东郊房屋的墙壁都在震颤。

　　泽洛高地前方的地域被炸成了月球表面的模样，但是在红军炮击开始的时候，大部分德军就后撤了，所以伤亡不多。并且，坑坑洼洼、满地烂泥的地形反而对进攻的红军不利。朱可夫动用143台大型探照灯照射战场，以为这样能把德军的眼睛耀花，结果却是红军自己被灯光照得明明白白，成了活靶子。

　　所以，当红军步兵跌跌撞撞地缓慢前进之时，遭到德军猛烈火力的阻击，伤亡惨重。朱可夫改了主意，投入坦克部队，但是因为地形太复杂、太难走，步兵和坦克混在一起，造成了严重的交通堵塞、混乱和更多的伤亡。一直到4月19日，红军才以伤亡3万人的代价占领了泽洛高地，德军在这里损失了

12 000人。

在朱可夫部队的南面，科涅夫的部队进展比较顺利，他从一开始就使用坦克部队冲锋，所以避免了朱可夫遭遇的混乱。斯大林不断在朱可夫和科涅夫之间"挑拨离间"，刺激他俩互相竞争，看谁能第一个打进柏林。

按照比弗的说法，斯大林急于抢在西方盟军之前占领柏林的其中一个原因，就是他想获取德国的核武器研究资料、德国人控制的铀和德国的核物理学家。当时斯大林并不知道，德国的核武器计划走上了歧途，其实已经没用了；他也不知道德国人控制的铀已经被转移到了德国西南部的黑森林，后来又被西方盟军缴获。

末路的"伟大领袖"

此时的希特勒龟缩在帝国总理府的地堡里，早已经失去了当年那个"伟大领袖"和"天才军事家"的光环。连续惨败带来的沉重压力本就让人无法忍受，再加上多年来为庸医所误导，经常注射和服用各种可疑药物，所以希特勒的健康早就被毁了。他的一只手经常无法自控地颤抖，不得不把手藏在背后。根据他的各种症状，有人估计这个大独裁者患上了帕金森病。

生理状况很糟糕，心理状况更是无可救药。希特勒动辄暴跳如雷，以至于身边的人唯唯诺诺，不敢把战局的真相告诉他。他也早已经彻底脱离现实，下达了一些不切实际的荒唐命令。比如，他絮絮叨叨地谈论所谓的神奇新式武器，比如V2火箭，寄希望于它能够奇迹般地消灭敌人。他还在地图上继续"运筹帷幄"，调动着那些早就不复存在的集团军、军和师，仿佛他手里还有百万大军。

几天前的4月12日，美国总统罗斯福去世。戈培尔、希姆莱和希特勒等人听闻消息，像打了兴奋剂一样喜不自胜、疯疯癫癫，认为这是一个征兆，预示着西方盟国将与苏联闹翻，就像18世纪俄国女沙皇伊丽莎白的突然去世导致俄国改变了政策，使得当时山穷水尽的普鲁士王国奇迹般逃避亡国的命运一样。从这里我们还可以看出，希特勒等人已经完全脱离现实，他们死活不肯相信，即便英美与苏联之间有矛盾，它们在彻底消灭纳粹德国的决心上却是完全一致的。

4月20日是希特勒的生日。他接受了文武高官的道贺，还在总理府院子里接见了一群希特勒青年团团员，为其授勋。这些可怜的孩子，就是第三帝国的最后炮灰。

非常受宠的军械部长施佩尔可不像那些孩子一样狂热和幼稚，而是非常清楚地看到，纳粹德国的末日即将来临。施佩尔希望能够尽量保存德国的基础设施和工业设施，为德国人民的生存保存火种。而希特勒却坚持认为，既然德国战败，那么就证明德意志民族是劣等民族，不如死了干净。他想让全体德国人在熊熊大火中为他陪葬，要彻底毁掉德国的一切。

20日这天，希特勒还和高官们讨论了他的去留问题。之前早就有人劝希特勒离开柏林，到南方阿尔卑斯山脉的要塞继续领导德国人民抵抗。希特勒犹豫不决。最终他决定，再次发动一次大规模反攻。他命令施坦因纳的党卫军第3装甲军向敌人发动大规模反攻，但第3装甲军经过之前的一系列血战，如今只剩下几个营的兵力。施坦因纳听到这命令时惊呆了，但希特勒拒绝与他对话，只是命令他坚决执行。

4月22日，希特勒发现自己的"英明"计划并未落实，施坦因纳也根本没有力量执行，于是暴跳如雷。希特勒的这次发飙非常有名，电影《帝国的毁灭》就有精彩的描绘，读者朋友有兴趣的话可以去看看。

到这个时候，希特勒的所有幻想如肥皂泡一般，都被戳破了。他一下子变得特别清醒，第一次承认战争失败了，但归咎于他手下的将领们，认为都是将领们无能、卖国。从这一刻开始，他下定决心，要留在柏林，死在柏林。

困守柏林

为了安抚希特勒，国防军最高统帅部的作战部长约德尔大将提出，让正在易北河一带与美军作战、由瓦尔特·温克将军指挥的第12集团军救援柏林。因为约德尔从情报中得知，美国与苏联有协议，美军不会跨过易北河继续向东进攻。

同时，希特勒打算让在柏林东郊鏖战的第9集团军向西移动，与第12集团军会合。

温克是二战德军最优秀的军事家之一，战后的联邦德国曾想请他担任联邦国防军的总监（相当于总参谋长）。但即便是天神下凡，也不可能完成希特勒交给的任务，因为第12集团军的兵力远远不足以突破红军对柏林的包围圈。也就是说，救援柏林是不可能的。

但温克仍然命令部队脱离与美军的接触，尽快向东运动。他有自己的想法。他不会去救援柏林，但会努力在红军战线上打开一条通道，帮助第9集团军向西撤退，最后向美军投降。当时的德国人都相信，向美军投降比向红军投降要好，会得到人道的待遇。

与此同时，第9集团军下属的第56装甲军从奥得河前线败退回柏林市范围内。根据希特勒"不准后退

★ 1945年4月25日，美军和苏军在易北河附近会师，这成为纳粹德国即将覆亡的象征之一

一步"的命令，第56装甲军的军长魏德林将军要被枪毙。魏德林是个有血性的汉子，直接去找希特勒为自己辩护。希特勒对他肃然起敬，不仅没有枪毙他，还任命他为柏林市区的城防司令。当然，这根本不是个好差事，而是烫手的山芋。

4月25日，红军已基本巩固对柏林市的包围圈，先头部队甚至已经突破了德军沿柏林轻轨线路构筑的防御圈。到了当天结束时，战局已经明朗，此时的德军除了暂时延缓柏林的陷落，已无力阻挡红军的进攻。

打了这么多年，红军和德军对巷战都已经有了丰富的经验。德军不在路上设立容易被炮火击毁的路障，而是在房屋的上层及屋顶设置了狙击手及机枪阵地，以躲避红军炮火（因为坦克炮的仰角有限）。此外，德军将配有反坦克榴弹发射器的士兵部署在地下室的窗边，当红军坦克经过时便伏击它们。

为了对付这种战术，红军使用重型榴弹炮轰击任何可能有防御设施的建筑物，并使用高射炮攻击位于房屋上层的德军。红军进行逐屋争夺的时候，尽量不

★ 满是废墟残骸的柏林街道

走正常路，而是用大炮和火箭筒在墙壁上轰出新的道路来。在残酷的近距离战斗中，火焰喷射器和手榴弹非常好用，但也导致了大量平民伤亡。

众叛亲离

差不多就在这个时候，发生了两件对希特勒打击特别大的事情。首先，希特勒的老战友和资历最老的亲信、空军总司令戈林，此时已经逃到南方。戈林居然说，既然希特勒已经困在柏林出不来，不妨由他戈林（按照希特勒几年前的一道命令）来接管国家领导权。希特勒听后暴跳如雷：戈林你就这么着急要篡位吗？！

希特勒命令剥夺戈林的一切职务，并将他逮捕。后来戈林被盟军送上了纽伦堡国际法庭，被判死刑，但是他在狱中自杀了。

而希特勒最信任的下属——党卫军领导人希姆莱，居然在秘密地寻求与盟军议和。希姆莱也是个满脑子幻想的家伙，他认为，英美与苏联必然会发生冲突，第三次世界大战即将爆发，英美肯定需要德国的支持和配合，因此也就需要一个能够控制和领导德国的人。谁呢？当然是他自己啦！

希姆莱企图以未来的德国领导人身份，与盟军议和。但盟军怎么可能理睬这个满手鲜血的屠夫呢？希特勒得知了希姆莱的行为，大骂他是叛徒，命令逮捕他。但希姆莱早已经溜走，后来被盟军抓获，服毒自杀。

元首的最后时刻

希特勒知道，最后了断的时刻，就要到了。

但在那之前，他要和自己的未婚妻爱娃·布劳恩成婚。1945年4月29日凌晨，希特勒与爱娃在元首地堡的地图室内举行了小型婚礼，正式结为夫妻。之前因为要把全副身心献给国家，希特勒一直没有结婚。爱娃苦等了他好多年，现在终于有了正式的名分，成了"希特勒夫人"。

这一天，希特勒还得知，自己的意大利盟友墨索里尼及其情人被共产党游击队抓获，枪决之后尸体还被半裸着身子倒吊起来示众。希特勒之前在遗嘱中就提到，不愿让自己和妻子的遗体遭受羞辱，墨索里尼的遭遇可能进一步加强了他的这份决心。

★ 希特勒与爱娃·布劳恩

为了测试事先准备的毒药是否有效，希特勒在当天毒死了自己心爱的宠物狗。

4月30日早晨，苏联红军距离元首地堡已经不足500米，希特勒与柏林城防司令魏德林会面。魏德林报告称，守城部队的弹药可能在晚上就会用尽，战斗在24小时之内就会不可避免地结束。

13时左右，魏德林收到希特勒的突围许可，同意魏德林当晚尝试突围。希特勒随后和两个秘书以及私人厨师共进午餐。午餐后，希特勒和爱娃向元首地堡内的员工和其他人告别，包括党务部长马丁·鲍曼、宣传部长约瑟夫·戈培尔一家、他的秘书以及其他几位军官。14时30分左右，希特勒和爱娃两人走进了希特勒的私人书房。他们先服毒，然后用手枪自杀。卫兵用汽油焚毁了两具遗体，不过没烧干净。后来苏联人把希特勒的遗骸先埋在勃兰登堡的一处森林，几年后转移到马格德堡的一处苏军军事基地，最后在1970年将其再次彻底焚毁，挫骨扬灰，最后丢进了一条河里。

希特勒在遗嘱中任命海军元帅邓尼茨为新的总统，而原来的宣传部长戈培尔成为新的总理。戈培尔是德国纳粹党的死硬分子和希特勒的忠粉。在希姆莱和戈林都已经跑路并且背叛希特勒的情况下，戈培尔仍然对希特勒忠心耿耿，甚至愿意陪他去死。

虎毒不食子，但戈培尔在地堡里毒死了自己的5个女儿和一个儿子，然后和妻子一同自杀。

无条件投降

5月1日凌晨，德军总参谋长克雷布斯将军（曾任德国驻苏联大使馆的武官，懂俄语）面见红军近卫第8集团军的司令员崔可夫将军。崔可夫就是几年前斯大林格勒战役中的英雄。克雷布斯向崔可夫告知了希特勒的死讯，并表达了全城投降的意愿。

5月2日凌晨，红军占领帝国总理府，魏德林向崔可夫投降。5月7日凌晨，约德尔代表德国国防军签署了无条件投降书，要求"所有德军在欧洲中部时间1945年5月8日晚上11时01分起停止军事行动"。次日，德军最高统帅部长官威廉·凯特尔元帅在柏林与红军代表朱可夫元帅签署了类似的文件。

美国人宣布5月8日为第二次世界大战欧战胜利纪念日。不过，当德国签的投降书生效时，在德国东面的苏联是莫斯科时间5月9日，所以俄罗斯及其他在德国东面的欧洲国家都将5月9日视作二战胜利日。

与此同时，温克的第12集团军在拼死战斗之后，打开了一条通道，让第9集团军残部、精疲力竭的约

★ 1945年5月8日，威廉·凯特尔代表德国签署无条件投降书

25 000人，以及大量逃难的平民得以向西逃生。

他们逃到易北河边的时候，发现美军已经抵达易北河。根据美国与苏联的协议，易北河将是两国占领区的边界。美军允许第9集团军的伤员过河，但不允许平民过河。为了保护尽可能多的平民进入美军占领区，德军士兵让一些平民换上了军服。

温克的部队在奥得河东岸顽强抵抗，试图阻挡红军进攻。当红军的炮火打到河边后，美军为了避免不必要的伤亡而后撤。于是，德军和平民抓住机会，争先恐后地过河。有人用木头和汽油桶捆扎成简易的小舟，还有人选择直接游泳过河，但由于水流湍急，许多人不幸溺亡。

5月7日早晨，第12集团军渡河之后向美军投降。温克是最后一批渡河的德国人之一。在这次突围中，大量平民（可能有数万人或十几万人）逃入了美军占领区。

为了避免元首地堡成为新纳粹的朝圣地，苏联人彻底摧毁了地堡，就像他们彻底粉碎了希特勒的骸骨一样。但这个地堡固若金汤，顶部有3.5米厚的加强混凝土，苏军工兵实施了多次爆破都未能将地堡完全炸毁。

20世纪80年代，东德政府为了消除元首地堡曾经存在的痕迹，在它附近盖了一座居民楼，拆掉了地堡的混凝土屋顶，将整个地堡空间灌满砂石，然后平整了整个地面。于是，元首地堡变成了今天的模样：如果没有那个指示牌，没人能看出这里曾经是希特勒的最后藏身之处。这也可以算是古罗马式的"毁名除忆"（Damnatio memoriae）了。

纪念与反思

从元首地堡的遗址出发，没走多远就是柏林的另一个"记忆之场"：欧洲被害犹太人纪念碑。

与其说是纪念碑，不如说是由2711根尺寸不一的混凝土柱子构成的纪念碑林，它们占地1.9公顷。这些柱子呈单纯的立方体形状，没有任何铭文或装饰。整个碑林沉默、冷峻、粗粝。穿行其间，有一种怪异之感，气氛压抑，令人紧张、额头出汗，仿佛来到了某种从未听说过的神秘远古宗教的祭奠场所，抑或是踏入外星世界。来到这里的游客要么静默，要么压低嗓门，似乎害怕吵醒了别人。碑林的一角有一间不起眼的地下信息室，里面镌刻着约300万名纳粹大屠杀受害者的姓名。

欧洲被害犹太人纪念碑于2004年12月15日竣工，耗资2500万欧元。它所处的地段是柏林最中心的位置，距离地标建筑勃兰登堡门和国会大厦都很近。在第三帝国时期，这里曾是纳粹各部委大楼集中的核心区域，戈培尔的地堡也位于此地的地下。冷战时期，柏林墙就穿过了这片区域，因此这个寸土寸金的地段才能空出这么大一片土地。

德国对自己黑历史的反思经常得到国际社会的赞扬。今天去德国旅游，你会发现德国的很大一部分景点和地标都带有沉重的历史感，往往与第三帝国和不堪回首的二战历史有着密切联系。研究、展示和反思历史，为当代人敲醒警钟的博物馆、纪念馆、纪念碑等，在德国几乎随处可见。

德国对自身的历史反思也不是一夜之间形成的，

★沉默、冷峻、粗粝、压抑的无字碑林

而是经历了痛苦的挣扎，比如西德初期对纳粹罪行或是避而不谈，或是轻描淡写，或是强调"我们德国人也吃尽了苦头"。

虽然德国人达成今天的反思历史的共识，其过程并不是很顺畅，而且始终伴随着争议。但总的来讲，21世纪初的德国人对二战、对纳粹德国、对大屠杀，还是有一个基本的共识的。

但近些年来，这种共识受到了激烈的挑战。那就是来自右翼民粹或极右翼政党——另类选择党（AfD）的挑战。另类选择党原本是一个致力于反对欧元、具有反欧盟色彩的小党派，在2014—2016年难民危机期间发展壮大，到了2025年的德国大选，居然拿到了20.8%的票数。

另类选择党具有强烈的种族主义、民族主义、排外主义和反民主色彩。我觉得最令人担忧的是，它肆无忌惮地攻击德国人辛辛苦苦达成的历史反思。说到欧洲被害犹太人纪念碑，另类选择党议员比约恩·霍克（Björn Höcke）就毫不忌讳地表示："我们的人民，是全世界唯一会把耻辱纪念碑立在首都中心的人民。"在他看来，对德国历史上的罪行进行反思和忏悔，是一种耻辱。霍克鼓吹要对德国人的历史认知进行"180度的翻转"，要求德国人彻底颠覆对纳粹历史的传统认知；他将德国在二战中的失败归咎于"西方国家的嫉妒"，声称战败是德国的耻辱而非解放；他公开美化希特勒，主张"历史没有绝对的黑白"，强调纳粹政权也有"积极的一面"。他还和部分日本人强调日本是原子弹受害者一样，片面强调盟军德累斯顿大轰炸对德国造成的破坏，塑造德国人的"受害者"形象，却闭口不谈为什么会发生这样的轰炸。

　　总之，在21世纪20年代，又有令人不安的气息从德国传出。当然，这也不仅仅是德国一个国家的问题。二战过后，和平、开放、交流是大部分国家好不容易才达成的共识，而在2025年，敌视和要求推翻旧共识、致力于破坏现有秩序的声音和行动似乎越来越多。我衷心希望德国和其他国家都能熬过当前的劫数，希望世界能够和平。二战的故事怎么讲也讲不完，但后人哀之而不鉴之，亦使后人而复哀后人也。

参考文献

外文

1. Beevor, Antony. *Arnhem: The Battle for the Bridges*, 1944. Viking, 2018.

2. --. D-Day: *The Battle for Normandy*. London: Penguin, 2009.

3. --. *The Fall of Berlin 1945*. Viking, 2002.

4. --. *The Second World War*. London: Weidenfeld & Nicolson, 2012.

5. --. *Stalingrad*. London: Viking Press, 1998.

6. Gerwarth, Robert. *Hitler's Hangman: The Life of Heydrich*. Yale University Press.

7. Harmsen, Peter. *Nanjing 1937: Battle for a Doomed City*. Casemate, 2021.

8. Koch, Adam J. *A Captain's Portrait: Witold Pilecki-Martyr for Truth*.

9. Freedom Publishing Company, 2018.

10. Kochanski, Halik. *The Eagle Unbowed: Poland and the Poles in the Second World War*. Allen Lane, 2012.

11. Longerich, Peter. *Wannsee: The Road to the Final Solution*. Translated by Lesley Sharpe and Jeremy Noakes. OUP Oxford, 2021.

12. Machcewicz, Paweł. *The War That Never Ends. The Museum of the Second World War in Gdańsk*. Translated by Anna Połapska Adamek. Walter de Gruyter GmbH, 2019.

13. Moorhouse, Roger. *First to Fight: The Polish War 1939*. Basic Books, 2020.

14. Roberts, Andrew. *Churchill: Walking with Destiny*, London: Allen Lane, 2018.

15. Trevor-Roper, Hugh. *The Last Days of Hitler*. Pan, 2012.

中文

1. 孙宅巍:《南京保卫战史》,南京出版社,2014年。

2. 中国人民政治协商会议全国委员会文史资料研究委员会本书编审组:《南京保卫战:原国民党将领抗日战争亲历记》,中国文史出版社,1987年。

3. 日本防卫厅防卫研究所战史室:《中国事变陆军作战史》,中华书局,1979年。

4. [美]汉娜·阿伦特:《艾希曼在耶路撒冷:一份关于平庸的恶的报告》,安尼译,译林出版社,2017年。

5. [苏]崔可夫:《在华使命:一个军事顾问的笔记》,万成才译,新华出版社,1980年。

6. [德]君特·格拉斯:《铁皮鼓》,胡其鼎译,上海译文出版社,2005年。

7. [德]约翰·拉贝:《拉贝日记》,周娅、谭蕾译,江苏人民出版社,2009年。

8. [德]贝蒂娜·施汤内特:《耶路撒冷之前的艾希曼:平庸面具下的大屠杀刽子手》,周全译,北京日报出版社,2020年。

图片来源

P004-005 "Gdansk old town" by Pjama is licensed under CC BY-SA 3.0 DEED.

P009 "Westerplatte-Monument nearby Gdańsk" by Holger Weinandt is licensed under CC BY-SA 3.0 DEED.

P016 上 Photo by DerHexer is licensed under CC BY-SA 3.0 DEED. 下 "Atak na Polską Pocztę w Gdańsku 1.09.1939" by Unknown author is in the public domain.

P027 "The Museum of World War II in Gdansk" by Jroepstorff is licensed under CC BY-SA 4.0 DEED.

P029-030 作者供图

P033-034 作者供图

P041 上 Photo by Unknown author is in the public domain. 下 "中华门全景" by 江上清风1961 is licensed under CC BY 3.0 DEED.

P045 作者供图

P049 Photo by Unknown author is in the public domain.

P055 Photo by Unknown author is in the public domain.

P056 "Tang Shengzhi (唐生智)" by Unknown author is in the public domain.

P062 作者供图

P065 上 "The morment of the blast, at the Gate of China" by Sweeper tamonten is in the public domain. 下作者供图

P066 上 "Crossing river by Gate of China" by Sweeper tamonten is in the public domain. 下 作者供图

P071 "John Heinrich Detlef Rabe (1882–1950)" by DrSivle is licensed under CC BY-SA 3.0 DEED.

P072 "Residence of John Rabe, Nanjing" by Gill Penney is licensed under CC BY 2.0 DEED.

P074 "Some members of the International Committee for Nanking Safety Zone on Dec 13, 1937" by Memorial Hall of the Victims in Nanjing Massacre by Japanese Invaders is in the public domain.

P080 作者供图

P082 "Churchillmuseumcabinetwarrooms" by IxK85 is licensed under CC BY-SA 3.0 DEED.

P084 "President Trump Tours the Churchill War Rooms" by The White House from Washington, DC is in the public domain.

P086 "Brigadier General Charles de Gaulle" by Office of War Information, Overseas Picture Division is in the public domain.

P095 "Churchill And Roosevelt Allies Sculpture" by Anthony O'Neil is licensed under CC BY 2.0 DEED.

P106 "Adolf Hitler" by Heinrich Hoffmann is licensed under CC BY-SA 3.0 DEED.

P110 "We're Running Short of Jews (1943)" by Arthur Szyk is licensed under CC BY-SA 4.0 DEED.

P112 作者供图

P117 "Heydrich-Endlosung" by Reinhard Heydrich is in the public domain.

P119 "Adolf Eichmann" by Unknown author is in the public domain.

P128 Photo by Unknown author is in the public domain.

P130 "Reinhard Heydrich in 1940" by Heinrich Hoffmann is licensed under CC BY-SA 3.0 DEED.

P131 "Monument at the place of Heydrich assassination" by Xiunius is in the public domain.

P136 "Denkmal der Operation Anthropoid Památník Operaci Anthropoid" by Francisco Peralta Torrejón is licensed under CC BY-SA 4.0 DEED.

P138 "Panoramic view of Prague Castle" by Stefan Bauer is licensed under CC BY-SA 2.5 DEED.

P139 "Heydrich's car after attack" by Unknown author is in the public domain.

P146 "Lidice, Ort nach Zerstörung" by Unknown